陈景润的故事

李建臣 ◎ 主编

远方出版社

图书在版编目（CIP）数据

陈景润的故事 / 李建臣主编. -- 呼和浩特：远方出版社，2022.12
（"榜样代代传"系列丛书）
ISBN 978-7-5555-1820-4

Ⅰ.①陈… Ⅱ.①李… Ⅲ.①陈景润（1933-1996）—生平事迹—青少年读物 Ⅳ.①K826.11-49

中国版本图书馆CIP数据核字(2022)第258244号

陈景润的故事
CHEN JINGRUN DE GUSHI

主　　编	李建臣
责任编辑	奥丽雅
封面插画	吴幸婷
内文插画	吴幸婷
封面设计	VIOLET
版式设计	曹　驰
出版发行	远方出版社
社　　址	呼和浩特市乌兰察布东路666号　邮编010010
电　　话	（0471）2236473总编室　2236460发行部
经　　销	新华书店
印　　刷	天津中印联印务有限公司
开　　本	880毫米×1230毫米　1/32
字　　数	119千
印　　张	6.75
版　　次	2022年12月第1版
印　　次	2023年4月第1次印刷
印　　数	1—5000册
标准书号	ISBN 978-7-5555-1820-4
定　　价	42.00元

如发现印装质量问题，请与出版社联系调换

编者序

吾辈自强　强国有我

对于青少年来说，他们正处于长身体、长知识和形成世界观的重要时期，兴趣广泛、可塑性强，各方面都还不成熟。如何紧扣时代脉搏，与时俱进地帮助青少年树立正确的人生观、价值观和世界观，是家庭、学校和社会需要共同思考的问题。

党的十八大以来，以习近平同志为核心的党中央高度重视青少年的思想政治教育，习近平总书记在许多场合对加强青少年思想政治教育发表了一系列重要讲话，内容涵盖立德树人、社会主义核心价值观的培育和践行、以文化人、以文育人、教育合力构建、加强党的领导等。这些重要论述，充分体现了以习近平同志为核心的党中央对青少年成长成才的亲切关怀和殷切期待，立意高远，思想深邃，形成了内涵丰富的思想政治教育理论体系，为提升青少年思想政治教育科学化水平指明了方向。

榜样教育是青少年品格塑造的一种重要形式，应科学合理地树立榜样，为青少年追求真理、完善人格、实现理想指明方向，并源源不断地提供精神力量，从而培养青少年爱国、奉献、创新、求真、务实的崇高品质。

为了帮助青少年向榜样看齐，向使命聚焦，汲取榜样的力量，感受其家国情怀以及进取、奉献的优秀品质，我们组织多位专家学者编撰"榜样代代传"系列丛书，介绍了钱学森、竺可桢、钱伟长、华罗庚、钱三强、苏步青、李四光、童第周、陈景润及邓稼先等科学先驱的事迹。这些科学家学习成绩优异，科技成果突出，得到了国际学术界的广泛认可。他们每一个人都深深知道：科学无国界，科学家有祖国。钱学森说："我的事业在中国，我的成就在中国，我的归宿在中国。"李四光说："要把所学到的知识,全部奉献给我亲爱的祖国。"邓稼先说:"假如生命终结后可以再生,那么,我仍选择中国,选择核事业。"他们不惜牺牲个人利益,远跨重洋回到生活与科研均"一穷二白"的祖国,在各自的领域自力更生、攻坚克难、开拓创新,为我国的社会主义建设和国防安全做出卓越的贡献。

鲁迅先生在《中国人失掉自信力了吗》一文中发声:"我们从古以来,就有埋头苦干的人,有拼命硬干的人,有为民请命的人,有舍身求法的人……"历史的风雨、生活的磨难,阻挡不了这些人前行的脚步。正是他们扛起了中华民族伟大复兴的重任,他们无愧为"中国的脊梁"。有人不禁要问:今天的青少年长大后,还能不能扛起重任?

要回答今天的青少年还能不能扛起重任的问题,我想起了梁启超先生100多年前的期许——"少年智则国智,少年强则国强。"

榜样是一面旗帜,榜样是一座灯塔,榜样是一种动力,可以为当代青少年引领方向,指导他们奋勇前行。这套"榜样代代传"系列丛书的出版初衷,就是希望青少年以老一辈科学家为榜样,学习他们胸怀祖国、服务人民的爱国精神,勇攀高峰、敢为人先的创新精神,追求真理、严谨治学的求实精神,淡泊名利、潜心研究的奉献精神,集智攻关、团结协作的协同精神,以及甘为人梯、奖掖后学的育人精神,并将这些可贵的品质吸收为个人的精神财富与进取动力,做有理想、有本领、有担当的新时代青少年。

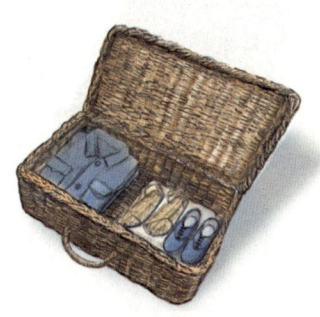

目 录

第一章 不合群的少年

"九哥"的童年 / 003

父亲的言传身教 / 008

"我也要读书" / 010

遨游书海,乐在其中 / 013

第二章　坚定的求学信念

在三元接触数学新世界　/ 021
"只有读书才是他的出路"　/ 029
英华中学的"陈 booker"　/ 033
求学路上的引路人　/ 038
一波三折的大学梦　/ 043
两所大学难抉择　/ 050
厦门大学的"爱因斯坦"　/ 055

第三章　苦乐相随的就业之路

不善讲课的中学老师　/ 067
生命中的贵人　/ 072
与数论的苦战　/ 078
一鸣惊人的"他利问题"　/ 080

第四章　在数学研究所的日子

"凡是别人走过的路,我都试过了" / 091

他把数学王国装进 6 平方米小屋 / 095

向"哥德巴赫猜想"冲刺 / 102

亦师亦友的闵嗣鹤 / 108

研究成果艰难面世 / 114

"陈氏定理"与其他成就 / 121

第五章　在光环的笼罩下

受到高度重视 / 129

人大代表陈景润 / 133

科学的春天 / 138

报告文学《哥德巴赫猜想》 / 143

成名以后 / 148

"做陈景润的学生真苦" / 157

念旧重情,不忘师恩 / 160

第六章　数学家的人间烟火

青年女性的"绝缘体" / 169

数学家与医生的爱情 / 172

幸福的婚姻 / 182

无怨无悔的爱 / 188

初为人父 / 193

最后一个生日 / 200

第一章 不合群的少年

陈景润少年时虽然孤僻内向,但是很有主见,一旦认定自己是对的,便敢于反驳和抗争。

"九哥"的童年

在中国福建省福州市西南侧十多公里,闽江的中下游,有一个村庄叫胪雷村。村庄好比一个小岛,坐落在盆地中央,视野不算开阔,交通也不发达,却是个休养生息的好地方。这里离闽江只有两三公里,周边有肥沃的土地、起伏的丘陵和繁茂的树林。

1933年5月22日,在胪雷村一座两层高的木板房里,产婆正在里屋忙着接生。在屋外踱来踱去,看起来心神不安的是邮政局职员陈元俊,他将要迎来自己的第三个孩子。此时的他一言不发,心里算计着给产婆的报酬,9岁的大儿子和6岁的女儿也在一旁好奇地听着屋里的动静。

因为家境贫寒,陈元俊连接生的盆都找不出来,只能用家里煮饭的锅代替。终于,孩子顺利降生了,但是看起来有些虚弱,也不像一般的婴儿那样啼哭。产婆用了许多办法想让他哭出声,但都不见效。

陈元俊见状十分焦急,忍不住吼了一嗓子,这吼声惊动了小婴儿,只听他哇的一声哭了出来。哭声虽然不大,但大家都长舒了一口气,孩子是健康的!

后来,在母亲潘玉婵的精心呵护下,这个瘦弱的小生命慢慢长大成人,并成为数学领域的先锋人物——陈景润。

陈景润上有哥哥陈景桐、姐姐陈瑞珍,下有弟弟陈景光、妹妹陈景星和陈景馨,虽在家中排行老三,但在堂兄弟里排行第九,所以家里人都叫他"九哥"。父亲给他取"景润"这个名字,是希望他将来能过上滋润的好日子。

陈景润的母亲潘玉婵淳朴善良,长年累月的辛勤劳作在她的脸上留下深深的痕迹。在民不聊生的艰苦岁月,她照顾全家人的生活,每天起早贪黑地干活,身体严重缺乏营养。陈景润出生后,她没有足够的奶水,只能用

第一章
不合群的少年

米汤来喂养。最困难的时候，家里甚至找不到一粒米，她只能硬着头皮向邻居们讨要米汤。

这样的生活导致陈景润从小便体弱多病。有一次，陈景润生了一场大病，奄奄一息，但家里没钱请医生，幸好有个远房亲戚给过陈元俊一些灵芝，并告诉他这是上等的中药，有补气安神的作用。于是，潘玉婵用灵芝熬汤，喂陈景润服下。全家都为这个小生命担忧，幸运的是，陈景润喝了灵芝汤之后，病情逐渐好转。

和其他孩童一样，儿时的陈景润也有调皮好动的一面。幼年时期的许多时光他都是在胪雷村度过的，那里承载着他的美好回忆。

放暑假时，陈景润兄弟几个总会回老家胪雷村，在山间田野里无忧无虑地嬉闹，那是他们最快乐的时光。他们回老家不仅仅是过暑假，还肩负着一项任务——父亲总让他们背些大米送给老家的二伯父，因为二伯父的生活更加困苦。二伯父住在半山腰，陈景润和兄弟们经常结伴在山上割草，到小溪里捕鱼捞虾。在炎热的夏天，清凉的溪水、游动的小鱼让陈景润暂时忘却了心爱的书本。

陈景润的母亲因家里孩子多以及繁重的家务，身体越来越差，无法保证对所有孩子都照顾周全。在大部分

陈景润的故事

家庭中,父母往往给予较小的孩子更多的关爱,陈元俊夫妇也不例外,将主要精力花在了照顾3个更小的孩子身上。年幼的陈景润无法理解父母的做法,总觉得自己被冷落了,内心开始滋生莫名的自卑感。

渐渐地,陈景润减少与兄弟姐妹的交谈、嬉戏。当兄弟姐妹在堂屋里玩耍打闹时,他便一个人躲在木板房的2层,像出家人一样静静地坐着,谁也不知道他在想什么。

陈景润也很少与邻居家的孩子一起玩耍,偶尔有小伙伴邀他捉迷藏,他便不声不响地躲到角落,任谁都找不到,之后便在那里进入梦乡。长此以往,小伙伴就不再找他一起玩了,他也变得更加孤独。

他小时候脑袋大大的,瘦小的身躯上套着哥哥穿旧的衣服,肥大的衣袖更显得他弱小。这使他常被其他孩子欺负,以致幼小的心灵出现了难以平复的创伤,更加重了他那孤僻的性格。

随着年龄不断增长,陈景润和兄弟姐妹的性格差异越来越大。他沉默寡言,性格内向;兄弟姐妹则活泼好动,爱说爱笑。

上学后,陈景润日日与书本为伴,更不喜欢和兄弟

姐妹凑到一处了。他似乎有一种被孤立的感觉,但依旧安于独处。

父亲的言传身教

陈景润少年时虽然孤僻内向,但是很有主见,一旦认定自己是对的,便敢于反驳和抗争。他和父亲之间话不多,少有的交流也多是书本上的问题。观点不一致的时候,父子俩难免会有一番争论,很是激烈。这时候,母亲便会过来调停。

陈景润很爱看书,只要碰到书本,就会如饥似渴地读,尤其是数学类的书籍。他还没上小学时就拿着哥哥姐姐的课本学习,遇到不懂的地方便向他们请教,直到弄懂为止。沉浸在课本中的陈景润是快乐的,孤独感也消失了。

陈景润如此痴迷于学习和钻研问题,得益于父亲陈元俊的言传身教。

第一章

不合群的少年

陈元俊毕业于一所教会创办的中等学校——福州英华中学。他的文化程度不低，早年家中收藏了不少古籍，他还能讲一口流利的英语。他性格内向，寡言少语，一生为人谨慎。为了维持家庭生计，他精打细算，从不乱花一分钱，其勤俭节约的生活作风在陈氏家族中可以说尽人皆知。陈景润也继承了父亲的优良品行。

陈元俊非常重视子女的教育，曾对子女说："我没有能力给你们留下财产，但我要尽力让你们受教育。"中华人民共和国成立前，女孩接受初等教育的不多，但陈元俊不在乎旁人的看法，让长女陈瑞珍在教会中学完成了学业。他的见识与做法在当时是很超前的。

陈元俊十分敬重读书人，经常对孩子们说："人活在世上，不读书是不幸的，必须苦读圣贤书。"陈景润的姐姐说过这样一件事——她的父亲喜爱读书，如果见到有人在读书，就走过去自言自语地说："读书好啊！"说完便踱步而去，嘴里还念叨着"读书好"。如果有不熟悉他的人遇到这种情况，肯定会以为他是个怪人。

除了必要的生活开支，陈元俊夫妇总是能省则省，将省下来的钱用于给孩子们交学费。尽管生活拮据,但他们的6个孩子都上了学,并且在日后的工作中取得了成就。陈元俊对陈景润寄予厚望,曾对别人说:"九哥将来会有大出息。"

"我也要读书"

陈元俊夫妇和当时的民众一样,相信多子多福。他们一共生育了12个孩子,但只有6个长大成人。

1939年夏秋之际,陈元俊搬离老家,在仓山窑茶厂租了一个大房间,一家人艰难度日。

陈元俊之所以把家搬到仓山,是看中了仓山的教育水平。他希望孩子们能在这里接受更好的教育。

仓山位于福州城区南部,地理位置优越。那里的学校教学设备完善,教师阵容强大,培养了大批专家学者,在当地享有盛名。

陈元俊以前在英华中学读书,毕业后被分配到邮局

第一章
不合群的少年

工作。他深知读书的重要性，所以不管多苦多累，也要让孩子上学读书。他也深知学校的重要性，如果不是上英华中学，他不可能讲一口流利的英语，也无法胜任现在的工作。

来到仓山时，大儿子陈景桐15岁，在读高中；大女儿陈瑞珍12岁，小学刚毕业，正准备上初中；二儿子陈景润6岁，马上就要上小学了；只有小儿子陈景光还没到上学的年龄。这么多孩子要上学，学费就是一笔不小的开销。为了增加收入，陈元俊沿街开了一间小杂货铺，让大儿子陈景桐住在那里，一边上学，一边经营。

白天，父母都出去忙生计，哥哥姐姐也去上学，家里只剩下陈景润和弟弟两个人，这让陈景润更感孤独。他只能和幼小的弟弟玩耍，常常把屋子里弄得一团糟。

一天，姐姐陈瑞珍放学回来趴在纸箱上写作业，陈景润在一旁静静地看着，流露出羡慕的神情，他也很想上学。

他问姐姐："读书好吗？"

"当然好，知识就像浩瀚的海洋，又像辽阔的天空，

陈景润的故事

只有读书我们才能掌握知识……"姐姐回答道。

"我也要读书,我什么时候可以读书?"陈景润问道。

"我明天跟阿爹说一下。"

第二天,陈景润听到姐姐跟父亲说:"阿爹,九哥也快到上学的年龄了,到时候得让他上学读书啊!"

陈元俊叹了口气,说:"是啊,书一定要读,不管有钱没钱,我都得供你们几个上学。我跟你娘也在为这事发愁,家里需要用钱的地方太多了。现在日本侵略中国,福州每天都有日本飞机飞过,外面兵荒马乱,赚钱难啊!唉,我会想办法让九哥上学的。"

听到父亲与姐姐的对话,躲在一旁的陈景润受到很大触动。从那天起,他总是早早起床,帮助母亲料理家务、照顾弟弟。没事的时候,他或者一个人坐着发呆,或者翻看哥哥姐姐的旧课本。

离开学的时间越来越近了,陈景润却越来越苦闷,因为家里没有一个人说起他上学的事情。他想去问父亲,但又不敢开口。

8月的最后一天,母亲把陈景润叫到身边,拿出一件经过剪裁的土布衣衫给他穿上。母亲上下打量了一番,笑着说:"很合身,我们九哥穿上这件衣服更像个读书郎了。"

陈景润顿时明白自己就要上学了，心里不由得一阵激动。

"今天你阿爹去给你报名，明天你就是三一小学的读书郎了。"母亲摸着他的头说。

一股喜悦的暖流涌上心头，陈景润的眼角溢出激动的泪花。

遨游书海，乐在其中

1939 年 9 月，陈景润成了三一小学的一名学生。三一小学的教育水平相对较高，设施比较完善，当然，学费也相对较高。陈景润长大后才知道，他的学费是父亲卖掉老家的几块田地换来的。父亲还从卖田得来的钱中拿出一部分，捐给福州的一些反日救国会。

开学后，陈景润每天穿着母亲缝制的土布衣衫，背着母亲制作的粗布书包，独自往返于学校和家。当

陈景润的故事

时的课程安排是一天国文、一天算术，书包里的书并不多，但是里面还有石砚、石板，所以小书包总是沉甸甸的。

上学的机会来之不易，陈景润十分珍惜。在学校，他从不调皮捣蛋、惹是生非；放学回家后，他除了做作业就是捧着书本学习，还常常向哥哥姐姐请教。

陈景润的学习方法与众不同，读书如同"吃书"。他的书本过不了多久便会支离破碎，因为他常常将书本一页一页地散放在衣袋中，以便随时拿出来阅读。他绞尽脑汁地想从那些简单的文字中看出更多的含义，似乎要将每一个文字和符号都吞到肚子里，让它们发酵、繁衍，再得到新的东西。

他独具特色的读书习惯也成为他日后成功的秘诀。

老师在课堂上的讲授虽然简短，但对有着强烈求知欲的陈景润而言更显珍贵。上课时，他从不和同学交头接耳，也不做任何小动作，更不会搞什么恶作剧，而是静静地坐在那里听讲，小脑瓜高速运转。他聚精会神地听讲，甚至连下课铃声响起也没听见似的，依然静静地坐在凳子上，沉浸在老师生动的讲述里，久久回味着。下课后，他也不跟同学聊天、嬉闹，总是独自一人静静

地找个角落，在地上画来画去。时间一长，同学们都疏远了不合群的他。

陈景润整天埋头苦学，既是为了报答父母的一片苦心，也是为了从书本中得到独特的享受。晚上，等到家人都睡下了，他便悄悄地从床上爬起来，到外面昏暗的路灯下看书，一直看到深夜才回去睡觉。

一天夜里，母亲醒来发现陈景润不在家里，连忙把丈夫叫醒。陈元俊赶紧穿上衣服到外面寻找，结果看见陈景润正在路灯下读书。他心里很欣慰，回去对妻子说："没事，九哥在路边念书呢。这孩子这么喜欢读书，将来肯定有出息。"

第二天，陈景润起床后，母亲拿出一件棉袄对他说："你阿爹说，爱学习是好事。陈家有耕读的传统，你爷爷曾说：'诗书传家久。'你的父辈兄弟几个在你这个年纪时都很用功，后来才有机会考到邮政局去当差办事。但是读书也要注意身体，万一累坏了，看坏眼睛，也是不好的。快入冬了，你阿爹怕你受寒着凉，让你半夜出门的时候披上这件棉袄。"

陈景润这么热爱学习，不仅得益于父亲的言传身教，而且与陈家的家学渊源有关。

第一章
不合群的少年

陈景润的大伯父曾任中国邮政总局考绩处处长，二伯父曾任福建省邮政局视察室主任，父亲职务最低，但也是一个三等邮政局的局长。他们一家称得上是"邮政之家"。

陈元俊能当上邮政局局长，也是经过了多次的选拔考试。所以，他对孩子的学习非常重视，在家时经常督促他们学习，并抽查他们的学习情况。

陈景润学习十分自觉，也很刻苦，根本无须父亲督促，不过他对学习英文不感兴趣。为了激发他学习英文的兴趣，父亲给他讲了福州路灯的故事。福州路灯的普及离不开"路灯刘"。刘家经营福州电器公司，两代人大多数都有过海外留学的经历。陈元俊告诉陈景润："很多科学技术都是从国外传进来的，如果不会英文，就没办法掌握新科技，所以一定要学好它。"从此之后，陈景润便不再松懈。

一年级的时候，陈景润的成绩在全年级名列前茅，老师们都很喜爱他。到了二年级，陈景润的表现更加优异，有时还在课堂上向老师提出一些超越本年级知识水平的问题，让老师们惊叹不已。渐渐地，老师讲授的知识已经无法满足他的求知欲。

1942年9月新学期开始时,经学校同意,9岁的陈景润跳了一级,报名升入五年级。

第二章 坚定的求学信念

他的内心充满了不服输的倔强,并渐渐萌发出用数学去超越他人的想法。

在三元接触数学新世界

在战争年代想要安稳地过日子谈何容易,在仓山住了几年,陈景润一家又要搬家了。

1941年,福州一度沦陷于日军之手,中国军队发起反击,将日军赶出了福州。然而,1943年,日军卷土重来,对福州展开连续进攻。12月10日,政府任命陈元俊为三元县邮政局局长。接到调令后,他连夜带着全家人赶往三元县。这与其说是履职,不如说是避难。

在风尘仆仆的路途中,潘玉婵和陈景润不幸染上了肺结核。到达三元县后,一家人没有栖身之处,就先在邮局住了下来。

陈景润的故事

身为一个三等邮局的局长,陈元俊收入微薄,只能勉强维持八口之家的生活。潘玉婵一人照顾着一群孩子,生活十分艰难。尽管如此,陈元俊依然坚持让孩子们上学读书。

同年,陈景润转入三元县三民镇中心学校上学。到了陌生的环境,陈景润更不愿意和别人交往了。由于疾病缠身,他经常发低烧,但依然忍着病痛努力学习。在新学校里,他既是外来的陌生人,又是病恹恹的弱者,难免遭到强悍者的欺凌。

面对同学的欺负,他一不还口,二不还手。在他心里,一个人真正的弱小与强壮不在于体格,而在于其精神。他以更加努力、发奋地读书来回应外界对他的不公。

他在家里也默不作声,除了做作业便是看书,只有在吃饭的时候才不得不挪动位置。

陈景润对国文课不感兴趣,只想考个中等分数便了事。这也是他后来不善于文字表达、写的文章不易被人看懂的原因之一。算术则是他的强项,也是他唯一的爱好,每次考试都稳拿高分,但他追求的已经远远超出了课本内容。

小学算术题既经典又有趣,简单的正整数和分数的

第二章
坚定的求学信念

四则运算可以演绎出许多有意思的难题,对培养小学生的思维能力非常有效。陈景润对这些难题产生了浓厚的兴趣,他将老师提出的问题牢牢记在脑海中,在回家的路上边走边思考。

他只享受解题的乐趣,不喜欢同龄人玩的那些游戏,这让本就郁郁寡欢的他变得更孤僻了。他常常刻意避开同学,到无人处思考和演算,如同一只"丑小鸭",默默地、笃定地在数学的海洋中遨游。

他的内心充满了不服输的倔强,并渐渐萌发出用数学去超越他人的想法。

在课堂上,陈景润总是聚精会神地听讲。他习惯在前一天把第二天要学的内容预习一遍,有不懂的地方就记下来,等老师讲到这个地方时,就特别留意老师是怎么讲的。如果老师的讲解没能解决他的疑问,他就举手提问。别看他平时沉默寡言,但在课堂上,他总是最积极的。

1944年7月,陈景润以优异的成绩从三民镇中心学校毕业。当时,三元县没有中学,陈景润面临着失学的困境。

父亲早就看出了他的心思。从1944年2月起,陈元俊多次受邀参加三元县立中学筹备座谈会，但直到8月，中学仍没有办起来。陈景润提出到沙县读初中，因为他有几个同学已经决定去那里上初中了。

陈元俊考虑到沙县太远，将11岁的陈景润一个人留在那里不放心，就安慰他说："中学一定会办起来的，这段时间你在家里，我先教你英文，即使不上学也可以学习。"于是，陈景润便留在家里跟父亲学习英文。

1945年2月12日，除夕，虽然外面战火连天，但老百姓还是张罗着过年。陈元俊一家高高兴兴地围在桌子旁，享受这难得的天伦之乐。更让陈景润高兴的是，父亲告诉他，三元县要开办中学了。

三元县新办的中学全称为"三元县立初级中学"。创校初期先开设春季班，目的是让小学毕业的学生尽早返回课堂。

开学后，陈景润再次背起书包去上学了。当时，日本侵略者的大炮将许多外乡人赶到这个山区，江苏的一所大学也迁到了这里。大学老师为了增加收入，纷纷到各个中学去兼职。

在三元县立初级中学兼职的一位语文教师很喜欢陈景润，把他当作知心朋友，经常跟他说："汝辈是我国

第二章
坚定的求学信念

的未来,应当发奋才是……"

其他兼职的老师也不时在课堂上向同学们宣传科学救国的思想:"从康有为、谭嗣同到孙中山先生,都曾寻求救国的良方,无奈我们的科学技术不发达,终究心有余而力不足……"在老师们的影响下,陈景润在懵懂之间也产生了保家卫国的念头,对军人与军装的向往更深了一层。

虽然学校地处穷乡僻壤,但授课老师都是大学里的讲师、教授。他们眼界广阔、知识渊博,为这些充满求知欲的孩子打开了一扇了解世界、觅取智慧的窗户。

老师告诉他们,"逢十进一"这个"最美妙的数学发明",在3000多年前的中国就已开始使用,比印度早了1000多年。

老师还告诉他们,圆周率的精确值是由中国人计算出来的。魏晋时代有一位叫刘徽的数学家,提出著名的"割圆术",就是将圆一次次地分割成正多边形,边数越多,正多边形的周长就越接近圆周长,即"割之弥细,所失弥少,割之又割,以至于不可割,则与圆合体而无所失矣"。南北朝时期,一位叫祖冲之的数学家把圆周率推算到更加精确的程度,经过反复计算,确定了其近似值在 3.1415926 与 3.1415927 之间。这项被称为"祖率"的世界纪录保持了约 1000 年，直到 15 世纪，才被阿拉伯数学家阿尔·卡西和法国数学家维叶特打破。

这些故事，陈景润听得如醉如痴。

老师还经常出一些有趣的数学题让大家思考解答，比如：今有公鸡 1 只，值 5 钱；母鸡 1 只，值 3 钱；雏鸡 3 只，值 1 钱。用 100 钱买 100 只鸡，问公鸡、母鸡、雏鸡各可以买多少只？

陈景润和同学们绞尽脑汁算了半天，依旧毫无结果。之后，陈景润更加用功读书，终于知道这个"百鸡问题"出自《张丘建算经》。

陈景润对于数学的痴迷，还有这样一件往事：刚上初一时，他被各种各样的数学知识吸引，逐渐喜欢上解题。白天下课后，他便钻到题目堆中，晚上还要点着煤油灯演算习题。

有一次，他被一道数学题难住了，左算右算，折腾了大半个晚上还是没能解答出来。当时已经是深夜，他想起陆宗授老师就住在附近，于是决定去向他请教。他刚准备出门时，不小心将同屋的哥哥陈景桐吵醒了。

"景润，这么晚了还不睡，你要去哪儿？"陈景桐睡眼惺忪地问。

"我有一道数学题算不出来,想去请教陆老师。"

"明天再去吧,这么晚老师都休息了。"

"不行……如果今晚算不出来,我睡不着。"为了避免吵醒其他家人,陈景润压低声音说,"我今晚一定要弄清这道题是怎么解的。"虽然他的声音很小,但还是把父亲吵醒了。陈元俊问清楚事情的缘由之后,叹了口气说:"让他去吧,以九哥的脾气,不算出来他是不会睡觉的。"

第二天,陈元俊特地去学校向陆老师道歉,但陆老师不但没有责怪陈景润,反而夸奖他:"你别怪孩子,他这种钻研的劲头十分难得,我喜欢这样的学生,他以后一定会有一番作为的。"

陈景润在《回忆我的中学时代》中谈到自己读书的情况:"读初二时考试成绩是:代数 99 分,国文 92 分,英文 89 分,几何 83 分,化学 88 分,历史 83 分,地理 85 分,图画 85 分,音乐 85 分,体育 80 分……我能唱能跳,天真活泼……"

第二章
坚定的求学信念

 **"只有读书才是他的出路"**

1945年8月15日,日本无条件投降。这个消息通过邮局电话、电报传送。陈元俊获知这一消息时震惊不已,和两名工作人员反复确认,终于确定这是真的。

抗战胜利的消息很快传遍了三元县城。晚上,人们举着火把走上街头庆祝胜利;第二天清晨,陈景润也加入庆祝的队伍。人们满面春风,沉浸在胜利的喜悦中。

1947年1月,陈景润和家人一起离开三元县,回到福州。当时,他刚上完初二。

回到福州不久,潘玉婵的肺结核恶化了。由于局势动荡,没有条件接受治疗,加上平时缺少调理,她的病逐渐转为重度肺结核。她整夜咳嗽,脸上没有一点血色,人也日渐消瘦。即便如此,她仍强撑着操持家务。

陈元俊为了养家糊口,每天忙忙碌碌、精打细算,但由于物价疯涨,仅靠工资收入和少量地租很难维持生计。陈元俊经过考虑,想让陈景润辍学去学门手艺。陈景润知道后非常伤心,也知道家里已经到了山穷水尽的地步,但他始终放不下心爱的书本。

过完年后,他鼓起勇气对父亲说:"阿爹,求你让我继续上学吧,我可以每天只吃一顿饭,给家里省些粮食,放学回来我一定帮家里干活。"听着儿子的话语,陈元俊心软了。

陈景润犹如一株在风雨中飘摇的小草,艰苦的环境、孤单的童年使他形成了内向、忧郁的性格,如果不让他读书,他会更加封闭自己。

陈瑞珍非常了解弟弟的想法,对父亲说:"阿爹,九哥本来就体弱多病,就算让他出去做工,也做不了什么重活,反倒要担惊受怕,只有读书才是他的出路。"

陈瑞珍作为家中长女,说话颇有分量,家里无论发生什么事,陈元俊都会征求她的意见。听了女儿的话,陈元俊终于点头同意,让陈景润继续上学。

不久,陈元俊听同事说,有一家刚创办的学校,学费也不贵,于是就给陈景润报了名。可交完钱他才发现,学校离家很远,一个十几岁的孩子自己是去不了的。离家较近的是福州私立三一中学,这也是仓山区最好的学

第二章
坚定的求学信念

校,但是学费比较贵。

经过一番思想斗争,陈元俊决定,既然想让孩子念书,那就干脆上好学校。三一中学的入学条件严格,为了让陈景润顺利入校,陈元俊去找三一中学的校长,经过向校长一番陈情,校长同意接收陈景润。

再次踏入中学的大门,陈景润精神焕发。他践行着在父亲面前许下的诺言:白天上学,晚上回来照顾病重的母亲,并帮忙照看弟弟妹妹,做一些家务。忙完之后,他才去写作业。尽管如此,他仍然感到非常满足。

然而,日子并非风平浪静,陈家很快就遭遇了一个重大打击。

1947年12月,陈家的女主人潘玉婵撒手人寰。临终前,她最放心不下的就是6个儿女,特别是体弱多病的陈景润和两个幼小的女儿。

这一年,陈景润只有14岁,从此失去了母爱。此后,他一直珍藏着一张母亲的照片,背面写着"这是我的慈母……"

母亲过世后,他常常呆坐在母亲坐过的椅子上,眼神里充满了忧伤。家里再也听不到母亲那熟悉的咳嗽声,也看不到她那忙碌的身影……他只能把头埋进数学王国,在那里寻找一丝精神安慰。

潘玉婵去世后,陈元俊实在无力照顾两个年幼的女儿,只得忍痛将陈景星送人了。陈景润放学回来后知道妹妹被送走了,非常伤心,但也无能为力。在巨大的悲痛中,他完成了初中学业,从三一中学毕业了。

1949年,陈元俊经人介绍,娶了继室林秀清。林秀清为人善良贤惠,嫁入陈家后一直没有生育,对陈家的几个孩子视如己出,疼爱有加。她每天省吃俭用,给孩子们缝衣做饭,把家里收拾得井井有条,为这个家庭倾注了无私的爱和无限生机。对体弱多病的陈景润,她尤为爱护,看到他经常熬夜学习,怕他饿着肚子,就给他做夜宵,并劝他早点休息。

1954年,在大姐和继母的努力下,家人找回了妹妹陈景星,一家人得以团圆。

林秀清于1970年病逝,和陈景润的生母潘玉婵一样,没能看到她们辛勤养育的陈景润登上数学高峰。

后来,陈景润回忆两位母亲时,感慨地说:"我们一家的生活十分清苦,而我们母亲的生活更加凄苦,一天到晚没有歇息的时候。两位伟大的母亲正是中国普通家庭妇女的真实写照。"

第二章
坚定的求学信念

英华中学的"陈 booker"

初中毕业后,陈景润面临上高中的问题。当时,三一中学的高中部还没有迁回来,他只能考虑上别的学校。

陈景润最想去的是福州英华中学。英华中学主张科学、民主,师资力量雄厚,在当时享有盛誉。但它不以分数招生,招收的学生非富即贵。

陈景润能如愿进入英华中学,是因为发生了一件阴错阳差的事情。

为了让陈景润上高中,望子成龙的陈元俊去找在国民政府担任海军部长的远房亲戚陈绍宽,希望他能帮帮忙。他觉得,即使陈景润不能进入英华中学,在陈绍宽的推荐下也能进入一所不错的高中。

陈绍宽恰好认识福州格致高中的校长,于是就写了一封信,介绍陈景润去格致高中。也许是过于兴奋,以至于没有听清家人的交代,陈景润竟然把信送到英华中学。英华中学的校长看了信后，查阅陈景润初中和小学的成绩，发现他成绩优秀，便下发通知，同意他入读英华中学。

陈景润收到通知书后欣喜若狂，家里人也为他感到高兴，想不到柳暗花明，有了一个理想的结果。

按说陈景润对数学情有独钟，高中时应该选择理科班才对，但他偏偏选择读文科。原来，他认为文科班的数理化课程比较简单，他可以依靠自己的理科优势保证不留级，从而节省更多的时间去攻克深奥的数学知识。据陈景润的老师说，陈景润在高中时期就自学了很多大学课程。

在英华中学，陈景润最喜欢去的地方就是图书馆，那里藏书很多，但每天开放的时间并不长。为了能够专心致志地演算习题，他经常将书借出来，带回教室进行演算。

如同小学、初中时一样，每当遇到疑惑、难解的题，陈景润总是不厌其烦地一遍遍运算，实在弄不明白，便去请教老师，直到弄懂为止。他高中时关注的数学题，有的就连数学老师也难以解答。他的天赋和认真很快引起学校领导和老师的关注。

第二章
坚定的求学信念

在图书馆,他还闹过笑话。有一次,他看书看得太入迷了,到闭馆时间,居然没有听到管理员催促的喊声,结果被锁在了里面。第二天,图书馆管理员来上班,发现有个人在里面,不禁吓了一跳。

陈景润对于数学的痴迷让他无暇关注生活琐事,因此经常不修边幅,加上不合群,没少遭同学们的排挤和嘲笑。在同学们的眼里,陈景润是个沉浸在自己世界里的怪人。但是,就算在学校受到欺负,他也不在意,也从不告诉家人。

姐姐陈瑞珍非常关心陈景润,在生活上很关照他。她知道弟弟不善言谈,怕他在学校受欺负,于是经常询问他在学校的情况。自从母亲去世后,陈景润最依赖的人除了父亲,就是姐姐,平日里与她交谈最多。

有一天,陈景润从学校回来,一副很兴奋的样子。陈瑞珍好奇地问:"景润,怎么了?有什么高兴的事?"

"大姐,你知道 booker 是什么意思吗?就是我们初中学的 book 加上 er。"陈景润故作神秘地问道。

"不知道,但是我记得 book 这个单词是'书本'的意思。"陈瑞珍说。

"今天,同学们都叫我 booker 呢!"陈景润兴奋

陈景润的故事

地说。

"有这个单词吗?我不记得了。这是什么意思?"陈瑞珍难得看到陈景润一脸愉悦,继续问道。

"大姐,今天课间的时候,我在看书做题,有个同学过来问我一道化学题。这道题我在书上看过,就把公式写给他,并告诉他在课本上哪一页有相同的题目。他一开始半信半疑,不相信我有那么好的记忆力,能记住课本的内容。当他打开课本准确找到我说的题目时,不由得愣住了。但是他不服气,又把数学课本找出来考我,同学们都围了过来。他连续问了好几个例题,我都一字不落地背了出来,同学们都惊讶极了。后来,他们都叫我'陈 booker',我知道这是'书呆子'的意思,但我把这个当作赞扬,证明我可以被当成书来用。"

陈瑞珍看着弟弟脸上难得的笑容,心里十分宽慰,也替他感到高兴,说:"好啊,我的弟弟有出息啦!"

"没有,没有,我不会的知识还有很多,得再努力学习。"陈景润又腼腆起来,害羞地说道。

从此以后,陈景润更加刻苦学习。正如他所说,攀登科学高峰就像登山运动员攀登珠穆朗玛峰一样,要克服无数艰难险阻。

求学路上的引路人

在英华中学，陈景润遇到了很多优秀的老师，他们给了他很大的帮助，也把他引领到更广阔的数学天地。

曾任中国航空学会理事长的沈元，就是陈景润当时的班主任兼数学、英文老师。

沈元学识渊博，讲课循循善诱，学生们都很喜欢上他的课。课余时间，同学们经常围着他，让他给大家介绍一些有趣的知识，或者讲一些有趣的故事。每每遇到这种喧闹的场合，陈景润总是有意避开。在穿着整洁、欢声笑语的同学们面前，他总是自惭形秽。只有在老师讲课的时候，他才坐在自己的座位上，和同学们一起聚精会神地听讲。

有一次上数学课，沈元讲授整数的性质。讲着讲着，他像说书似的，给学生们讲了一段故事：

大约两百年以前，也就是 1742 年，有一位叫哥

第二章
坚定的求学信念

德巴赫的德国中学教师提出一个猜想：凡是大于 2 的偶数一定可以表示为两个素数之和。比如，4=2+2，6=3+3，8=3+5……哥德巴赫本人对许多偶数进行了验证，都说明是正确的，但他却无法进行逻辑证明。于是，他写信向著名的数学大师欧拉请教，欧拉花了很多年去演算，但至死也没能证明出来。

从此，这道世界难题吸引了成千上万的数学家，但始终没有人能将其攻克。德国有一位叫兰道的数学家认为，这是一个现代人的智力解决不了的问题……

沈元的话还没有说完，讲台下面就炸开了锅，同学们你一言我一语地议论起来。

一个数学成绩较好的同学站起来说："沈老师，我看这道题并不难证明，难度大概和证明一个三角形的三内角之和为 180 度不相上下。"

其他同学疑惑地问："证明 4=2+2 之类的问题有什么意义呢？难道这样的问题还值得去花费精力吗？给我几天时间，我就能证明出来。"

沈元和蔼地笑了笑，继续解释道："哥德巴赫猜想是数论中一个非常重要的问题，如果这个猜想得到证实，便可以大大加深人们对整数之间关系的认识，人们的逻辑思维能力也可以大大提高。大家都说,自然科学的皇后是数学,数学的皇冠是数论,而哥德巴赫猜想则是皇冠上的一颗明珠。但要证明这个猜想可不是一件容易的事,甚至需要花费一生的精力,没有你们想象得那么简单。你们说几天就能把这颗明珠摘到手,就跟骑着自行车能上月球一样,是痴人说梦。"

学生们听完哄堂大笑,只有陈景润没有笑,因为他知道这是一个非常严肃的问题。当时的他还不知道自己的智力可以超出那些数学界的泰斗,甚至不相信自己可以做到班里其他同学做不到的事。这颗璀璨的明珠虽然对他极具吸引力,但当时的他是绝不敢伸手摘取的。

1989 年 12 月 18 日,陈景润在《工人日报》发表了一篇文章《我的心里话》,文中写道:"我没有笑,也不敢笑,怕同学们猜破我的憧憬,但我永远记得这件事,记得那皇冠上的明珠和我的抱负与理想。"

有一次,沈元出了一道类似于"韩信点兵"的古典数学题,十分有趣。当同学们还在埋头演算的时候,陈景润第一个给出答案:"53 人。"他的声音很小,但同学们都听到了,对他投以惊奇的目光。沈元这才注意到回答问题的是平日内向寡言、瘦弱腼腆的陈景润,于是

第二章
坚定的求学信念

问他是怎么算出来的。

面对沈元的提问,陈景润心里一阵慌张,低着头说不出话来,最后只得用粉笔在黑板上写出解题过程。沈元赞赏地说:"陈景润算的完全正确,只是不善言辞,我来替他讲吧……"

沈元讲解完后,略显严肃地说:"我们中国人对数学自古便有很深的研究,在推算上也很有天赋。比如,南北朝著名的数学家、天文学家祖冲之,测算出来的圆周率比西方要早1000多年;还有南宋数学家秦九韶撰写的《数书九章》,里面提出的一次方程式解法比西方早500多年。但由于各种历史原因,明清以后我国的数学理论研究逐渐落后了。如今,中国数学发展的重担就落到你们的肩上了。"

沈元的话牢牢地刻印在陈景润的心里,成为后来他摘取这颗"明珠"的动力。

第二年,沈元离开福州,回到清华大学,后来成为北京航空学院(今北京航空航天大学)副院长、中国航空学会理事长,一生从事航空教育事业。他和陈景润只有一年的师生缘分,或许他早已忘记了这一课,但陈景润却无比崇拜他。他是将陈景润带入深不可测的数学领域的人，也是陈景润一路攀登哥德巴赫猜想这座高峰的引领者。

在英华中学，除了沈元老师，对陈景润帮助很大的还有陈金华老师。

陈金华是陈景润的数学老师。每天下午放学后，陈景润都会向陈金华请教数学问题。除了初等数学，陈景润还经常请教高等数学的问题。

陈金华见陈景润对数学很感兴趣，就主动借给他一些深奥的数学著作。这些书的内容大大超出了中学的学习难度，但陈景润却看得津津有味，一有不懂的地方就去向陈金华请教。

陈景润成为享誉世界的数学家后，仍念念不忘在英华中学求学的日子，每次返乡总要去探望昔日的老师。每当在别处遇见校友，他都会自豪地说："我也是附中的校友，附中那时还叫英华。"

1981年10月，福建师范大学附属中学迎来了100周年校庆，陈景润应邀回校参加庆典。他将1973年第2期的《中国科学》杂志作为贺礼送给母校。这期杂志上有他的著名论文《大偶数表为一个素数及一个不超过二个素数的乘积之和》。

第二章
坚定的求学信念

在校庆大会上,陈景润说:"回忆过去自己在这里念书的一段生活,是我一生中最难忘的时光,虽然我离开母校很久了,虽然我和家乡距离很远,可是我心里总是想着我们的母校,想着母校的老师。"

一波三折的大学梦

陈景润刚读完高二第一学期,英华中学被迫停课了。

自1949年4月下旬,解放军突破国民党军队的长江防线后一路南下,福州因而进入高度戒备状态。从6月起,大部分学校停课,教师一直领不到薪水,所以很多人都自谋出路去了。

福州的局势越来越紧张,越是这样的时候,陈元俊的工作就越忙。有时,他好几天都不回家,没日没夜地在邮局里忙碌。1949年8月6日,福州战役打响了;8月17日拂晓,解放军进入福州市区,福州宣告解放。

天刚蒙蒙亮,陈景润就跑到大街上,加入欢迎解放军入城的行列。看到身穿军装、肩扛步枪的解放军战士雄赳赳、气昂昂地走过来,他心中的军人情结被唤醒了。这一情结,他一生未变。从厦门大学毕业时,他便萌发了参军的愿望,决心放下心爱的数学,参加志愿军。但是,他所在的数学系只有4名毕业生,都是国家的重要人才,所以他的参军申请没有被批准。多年以后,他对身为军人的由昆(陈景润的妻子)一见钟情,在某种程度上也与这种情结有关。

1949年8月底,传来了一个好消息,英华中学虽然还没有正式复课,但考虑到社会已趋于稳定,可以安排学生提前入校补习。陈景润满心欢喜地告诉父亲这个消息,没想到父亲一反常态,坚决不同意他继续上学。

"我一定要上学,我要考大学,这辈子我就要研究数学!"陈景润态度坚决地说。

陈元俊愣住了,想不到平时沉默寡言的儿子会说出这么让人震惊的话来。

"现在大学都不招生了,你上哪儿去读大学?"陈元俊吼道。他虽然嘴上这么说,但心里也不想让陈景润辍学,只是一大家子的生计压得他有点喘不过气来,填饱肚子才是眼下最要紧的事。他心里纷乱如麻,想着拖

第二章
坚定的求学信念

延一段时间，等局势确实稳定后再想办法。

那时候，全国各地物资匮乏，物价飞涨，福州也不例外。陈景润的哥哥陈景桐还没有毕业，正在福建学院（今福建师范大学）政法系上学，仅凭陈元俊微薄的薪资已经无法承担所有孩子的学费。

眼看着同学们都陆续去学校补习了，陈景润的心里说不出的难受。他知道，父亲如果不是到了万不得已的地步，肯定舍不得让他辍学。尽管无法上学，但他仍割舍不下对数学的热爱。他借来了高三的课本自学，每天还像上学时那样安排自己的学习时间，一有空就趴在桌子上演算。

每当通过自学掌握了新的知识或正确演算出一道数学题时，他就感到特别快活。遇到不懂的问题，他就去学校问老师。老师们被他求学的劲头感动，都耐心地为他讲解。他坚信，国家的未来是光明的，只要不懈努力，待国内稳定后，他一定能考上大学，接着研究自己喜爱的数学。每每想到这里，他紧皱的眉头便会舒展开来。

对于陈景润的一举一动，姐姐陈瑞珍都看在眼里，她对父亲说："阿爹，还是让九哥去上学吧！妈临终前不是交代要让他读书吗？你就让他去吧！"

继母林秀清也在一旁说:"要是担心学费,我每天忙完就出去工作,每天只吃一顿饭就够了……"不久,林秀清就在百货公司找了一份工作,一直干到退休。

不过,陈景润能够继续上学,还多亏了英华中学数学老师陈金华的帮助。

陈金华见陈景润一直没来上课,在了解他的家庭情况后,特地到他家里进行家访,和陈元俊商量陈景润复学的事。大家闲聊几句后,陈金华对陈景润说:"景润,抗战刚刚胜利,现在国家非常需要人才啊!人们的生活也有了一些好转,你不应该就此放弃上学,要重新回到学校,继续学习,考出好成绩,按照自己的意愿报考大学。"

陈金华的话使陈景润鼓起勇气,再次恳求父亲让他复学。

还没等陈元俊开口,姐姐陈瑞珍趁机说:"阿爹,你就让九哥去吧!他身体这么瘦弱,就算在家里也帮不上什么忙。如今家里的生活也不像以前那么艰难了,咱们再省一省,凑一凑,学费就有了。"

陈金华接过话头说:"是啊,陈局长,现在解放了,家里的生活很快就能好转,不能让孩子辍学啊。新中国

成立了,百废待兴,正是需要人才的时候啊!景润是读书的料,应该让他继续学习,以后考大学。"

听了陈老师的话,看着儿子渴望的眼神,回想前妻临终的嘱托,陈元俊终于同意让陈景润复学。然而,到1950年春,陈景润升高三时,陈元俊还是拿不出学费来,无奈之下,陈景润只好再度辍学。

几个月后,陈金华又来到陈景润家。陈景润见老师来了,十分惊喜,他正好有问题要请教老师。他看到陈老师走得气喘吁吁,想让老师先喘口气,歇一会儿再说。可是,没等陈景润开口,陈老师就迫不及待地说:"我有一个好消息要告诉你!"

"陈老师,不着急,我先给您倒杯水。"

"陈景润,你考大学有希望了!我早上看报纸上登了,凡是有高级中学毕业的同等学力,又持有必要的证明,都可以报名。"

"可我没读高三……"

"你没听懂,投考资格是'同等学力',你读完了高二,而且成绩优秀,已经具备了高中毕业'同等学力'。至于相关证明,我去帮你办。"

听了陈老师的话,陈景润心潮澎湃,久久不能平静。

第二章
坚定的求学信念

他庆幸自己遇到了这么好的老师，不仅对自己循循善诱，而且那么关心自己的未来，真心实意地帮助自己一步步实现梦想。真是师恩如海啊！1989年，陈金华老师逝世，远在北京的陈景润听到消息后无比悲痛，眼中饱含泪水，给陈老师的家人发去唁电，表示哀悼。

在陈老师来的当天晚上，陈景润把陈老师带来的喜讯告诉家人，全家人都很激动。继母林秀清特地买了肉，晚饭加了一个肉菜。吃饭时，陈元俊给陈景润夹了一大块肉，喜不自禁地说："九哥，你一定能考上大学！"

第二天一大早，陈景润就跑到学校报名，陈金华老师问他："你想好报哪所大学、哪个专业了吗？"

"陈老师，我早就想好了，就报厦门大学数理系！"

从1950年5月底报名到8月统考，只有两个多月的准备时间。陈景润不但要学完高三的课程，还要复习之前学过的内容，恨不能将每分每秒都用来学习。由于没有老师辅导，也没有人指点迷津，他只能靠自己摸索。

福州的盛夏酷热难当，陈景润将自己关在小屋里，除了吃饭、上厕所之外，几乎不出房门。夜深时，全家人都已进入梦乡，他还在灯下苦读。

父亲担心他的身体，一遍遍地催他睡觉，他随口答应"好的,好的",却仍把头埋在书堆里。父亲劝他说:"你不睡,一家人都睡不好,快睡吧。"陈景润这才不情愿地关灯上床睡觉。但等父亲睡着了,四周恢复宁静后,他又悄悄起床,从抽屉里拿出手电筒,将头蒙在被窝里,借着微弱的光继续苦读。他担心光线透出去被父亲发现,还在蚊帐周围挡上了纸。六七月的福州热得像蒸笼,而他天天晚上都这样泡在汗水里。

复习很苦,但陈景润的心却无比甘甜,因为他心底的梦想就要实现了!

两所大学难抉择

1950年8月底,报纸上公布了大学录取名单,陈景润被厦门大学数理系录取。这一年,厦门大学数理系只录取了20名新生,陈景润名列第十。与此同时,陈景润填报的第二志愿——福建学院,也给他发来了录取通知书。

第二章
坚定的求学信念

陈景润拿着两份录取通知书找父亲商量,父亲希望他去福建学院,因为福建学院就在福州,他上学时可以在家吃住,还能省下一大笔费用。另外,厦门与金门仅一水之隔,随时都有可能发生战乱。

父亲的考虑不无道理,毕竟大哥尚未毕业,嫂子又新添了孩子,一家人的生活靠着精打细算才勉强维持。假如陈景润去外地上学,就会多一份生活费,还得添置铺盖等生活用品,这些支出对经济拮据的陈家来说,的确是不小的负担。但是,福建学院是一所文科类院校,没有数学系。如果放弃厦大,就意味着放弃深研数学的机会,放弃陈景润多年来一直追求的梦想。

陈景润陷入深深的矛盾之中:如果接受父亲的建议,他将无法再享受学习数学的乐趣;而上厦门大学,他终身都可与数学为伴。他理解父亲的难处,但他也无法割舍神奇的数学世界。他哭着对父亲说:"阿爹,我想学数学,我想去厦大。没钱坐车我就走着去,吃饭我会很节省,尽量少花钱。"

父亲听了也潸然泪下。他何尝不知道儿子的爱好和志向,这些年来儿子付出的心血他都看在眼里,他也想让儿子有个更好的前程,可他实在无法承受这沉重

陈景润的故事

的担子。

这天傍晚,陈景润怀着沉重的心情来到大哥大嫂家,向他们表明自己想上厦门大学的意愿。

"家里虽然困难,但也不能因此耽误你的前程,父亲那边的工作我去做。"大哥说着,从木箱里拿出自己的黑呢大衣,双手递到陈景润手上,语重心长地说,"厦门的天气早晚凉,你将这件大衣带上。"

大嫂也将多年的积蓄——8元钱塞到他的手里,说:"九哥,你一个人在外面要学会照顾自己,要吃饱,别太省,知道吗?"陈景润听了,鼻子一阵发酸。

经过长子的劝说,陈元俊最终答应让陈景润去上厦门大学。

离家的日子越来越近。临行前几天,陈元俊下班回家后,陈景润便寸步不离地陪在他身边。陈景润14岁就失去了母亲,这些年对父亲生出许多依恋,只是因为性格内向,不善言辞,才没有表露出来。

临走前一天,在外地工作的陈瑞珍特地赶回来为弟弟送行。晚上,陈瑞珍为他整理行李。在一只旧藤条箱子里装了两件粗布衬衣、两件黑色旧中山装、一双球鞋、一双草鞋和一双黑布鞋,其他除了书就再也没有什么东

第二章
坚定的求学信念

西了。

陈景润拉开抽屉，拿出那个陪伴他度过无数个不眠之夜的手电筒，说："姐，把它也放进去吧。"

儿子就要出远门去上学了，陈元俊忧喜交加。他千叮咛万嘱咐，恨不能将自己的人生经验全都告诉儿子，使他今后尽量少经历些风雨和坎坷。他告诉儿子，和为贵，忍为高，讲求谦让；宁可自己吃点亏，也不能去占别人的便宜。他还告诉儿子"一日为师，终身为父"的古训……

在以后的漫长岁月里，父亲的教诲像一盏长明灯，在陈景润迷茫的时候，指引他不断前行。

第二天早上，陈景润背着简单的行李，穿着草鞋，依依不舍地走出父亲及其他亲人的视线，去往自己的梦想之地。这也是他人生中第一次独自离开家乡。

第二章
坚定的求学信念

厦门大学的"爱因斯坦"

厦门大学依山傍海,风景秀丽。这里曾经是民族英雄郑成功的演兵场,常绿的树林掩映着一座座庄重典雅的建筑,林荫道两旁矗立着美丽的路灯,海风迎面吹来,清新的空气令人心旷神怡。

进入厦门大学,陈景润一向拘谨的内心世界生出了从未有过的兴奋与喜悦。他既为厦门大学显赫的名声和美丽的校园而沉醉,也为免学费和伙食费而欢欣雀跃。当然,他也渐渐发现了厦门大学更多的"宝藏"。

在宁静的校园里,有藏书丰富的图书馆和宽敞的阅览室,这些都是看书和思考的好去处。这里有知识渊博的教授亲自讲课,还有年轻的讲师手把手地辅导。陈景润继续发扬儿时养成的专注精神,迅速积累起丰富的高等数学知识储备。

周末,同学们大都相约去郊游,但陈景润没有去欣赏如画的风景，也没有去参观名胜古迹，就连鼓浪屿和近在咫尺的南普陀寺与五老峰，他也没有去过，更别提那些熙熙攘攘的商业街了。他把课余时间都用在学习上，除了吃饭和睡觉，他的活动范围几乎只限于宿舍、食堂、教室和阅览室。

厦门大学离市区不远，但陈景润很少去市区，如果需要买东西，就让进城的同学帮他捎带。据他的同学回忆，陈景润只买蓝色、黑色的衣服，因为这两种颜色比较耐脏，所以他一年四季都是一身蓝色或黑色的中山装，戴一顶学生帽，光着脚穿一双万里胶鞋。

除了衣着之外，让同学们印象深刻的还有他在校园里时刻思考的模样，不管是走路还是吃饭，他总是捧着书本在思考，对周遭的一切浑然不觉。有一次，他边走路边思考问题，一不小心碰到了电线杆，他竟然下意识地跟电线杆说了句"对不起"。还有一次，他坐在校园的长凳上看书，突然下起了雨，但他因为看得太入迷，竟然没有察觉，只感觉变得凉快了。等到浑身都湿透了，他才发现下雨了。

同学们背地里都叫他"爱因斯坦"，因为他不盲目相信权威，就算是课本里的一些定理，他也会亲自去证

第二章
坚定的求学信念

明,比如,他曾经尝试证明"三角形两边之和不一定大于第三边"。同学们知道后,都觉得他是个怪人。但是现在看来,正是他不盲目相信权威,有独立思考能力,加上勤奋和执着的精神,使他取得后来的辉煌成就。

在厦门大学,陈景润的生活可以说单调到了极致。为了不打断学习思路,他会以最快的速度洗碗,只有饿到难以支撑时才去吃饭,洗衣服也只是用水泡一下便晾起来。后来还发生过一件趣事,他当众保证每天洗脸刷牙。

当时,厦门属于前线,经常会响起令人惊恐的防空警报,每当这时,师生们便纷纷跑进防空洞。陈景润从小就有"分解"课本的习惯,就算在防空洞里,他依旧是乱中取静,静静地阅读带在身上的写满数学符号的卡片。大家常将敬佩或不理解的目光投向这个平静的读书人。

陈景润只对数学感兴趣,因此一门心思放在学习数学上,他的有效学习时间比其他同学几乎多出一倍。这样一来,每次参加学习会,他总是如坐针毡,于是便学孙悟空那样"元神出窍",让思维逃到数学王国里尽情遨游,在数学王国里与大师们畅谈。

有一次在学习会上,他悄悄握着笔在纸上演算习题,突然,一声"陈景润"犹如一声炸雷将他游弋的"元神"

拽了回来。他瞪着一双茫然的眼睛环顾四周,不知道发生了什么事。只见主持学习会的人指着他说:"你每次学习都不发言,今天你说说,你有哪些不端正的思想需要改造?"

陈景润一副惊慌失措的样子,急忙站起来说:"我发言,我发言。我……我保证以后每天洗脸刷牙。"这几句话顿时引得人们哄堂大笑。陈景润红着脸站在那里,不知道大家为何发笑。

1950年6月,朝鲜战争爆发。地处海防前线的厦门大学常拉响防空警报,教学工作受到很大干扰。出于安全考虑,上级领导决定将理、工两个学院暂时疏散到龙岩。在出发赶往龙岩前,陈景润特地到安溪见了大哥陈景桐。陈景桐知道此行不易,看着瘦弱的弟弟,他把省下来的生活费都交给了弟弟。

龙岩位于福建西部,周围层峦叠嶂,师生们要步行150多公里才能到达目的地。教室和宿舍设在当地的罗氏祠堂,几十个学生挤在一个大房间里,睡的是通铺。住得简陋、吃得简单,但青翠的环境让陈景润感到少有的惬意和放松。

学生们在宿舍外面的晒谷场装上篮球架,每天清晨

第二章
坚定的求学信念

打篮球、跑步，苦中作乐。陈景润则喜欢夹着英文字典去田边看书。傍晚，夕阳西下，空气中的余热还未散去，蚊虫飞舞，同学们纷纷结伴在村里散步乘凉，陈景润却躲在闷热的宿舍里继续看书。

他们在龙岩待了一年，同来的还有一位法国教授——沙鹏。沙鹏是数论方面的专家，平时也给学生上课。他还娶了一个福州女子为妻，时间久了，也学会了一些福州话。有趣的是，平时沉默寡言的陈景润却敢大胆地与沙鹏交流。

陈景润当时正在学习数论，求知若渴。每次遇到沙鹏，他总是抓住机会请教数论问题。陈景润的英语一般，但他还是鼓起勇气与沙鹏对话，有说不清的地方就用福州话沟通。

沙鹏发现陈景润并不是只会读死书的书呆子，反而脑筋非常灵活，于是倾囊相授，对陈景润提出的问题总是耐心作答。人们经常看到他们一起在龙岩的乡间小道上倾谈，陈景润的脸上不时流露出喜色。

1952年，厦门大学数理系的数学组独立成为数学系。当时的数学组只有4名学生，陈景润便是其中之一，而老师却有5名。

陈景润的故事

数学组的学生少,老师们在教学上一丝不苟,陈景润全身心地投入数学王国,尽情地吸吮知识的甘露。其他同学只做老师指定的习题,陈景润则把所有习题全部演算一遍,再找课外的习题做。别人做 10 道题,他要做几十甚至上百道题。他总是随身带着笔和纸,只要有空,不管在什么地方,都会拿出笔和纸来演算。他就像一只勤劳的蜜蜂,不知疲倦地采集花蜜。

他买了个手电筒,熄灯后就躲在被窝里看书学习。老师劝他注意身体,他却说:"饭可以不吃,但书不能不念。"他全身心地投入学习,经常达到忘我的程度。

厦门大学历来重视基础课教学,基础课一般由教授亲自讲授。数学系虽然刚刚成立,但也特别重视基础课教学。系主任方德植总是亲自讲授高等微积分、高等几何和微分几何等课程,经常给学生布置很多习题,要求他们熟练掌握计算方法,掌握运算思维。他对学生讲,学数学要打好基础,一要理解定义、概念,二要训练运算技巧和逻辑思维。离开这两条,是不可能取得好成绩的。

方德植严谨治学的态度一直受到学生们的敬仰,他的谆谆教导使陈景润获益匪浅。在后来的科研工作中,陈景润一直将这两条原则牢记在心。

第二章
坚定的求学信念

在讲授微积分课程时,方德植发现陈景润的作业写得很潦草,经常是一张纸写错了,就截去一段再补上,把作业本弄得长短不一,而且解题过程常常写得非常简略。

本着对学生负责的态度,方德植找到陈景润,严厉地问:"陈景润,你的作业到底有没有认认真真去做,为什么解题过程写得这样简短?"

"老师,我,我认真做……"陈景润一边结结巴巴地说着,一边拉开自己的抽屉,拿出一堆零乱的草稿纸。

方德植看了一下草稿纸,发现他确实把演算的详细过程写出来了,于是又嘱咐道:"你以后要把解题的过程写在作业本上,不能太简单,关键的地方、必要的步骤要写清楚。"陈景润连声说道:"好的,好的,老师,我知道了……"

在大学二年级高等微积分考试时,方德植发现陈景润有些地方直接写了答案,就把他叫到办公室,问:"考卷上的题你都会做吗?"陈景润显得有点紧张,说:"会做,我会做。"方德值严肃地说:"那你重新演算一遍给我看。"

不一会儿,陈景润就把试题做好了。方德植看完演

算过程后给他打了 98 分,然后语重心长地对他说:"你算的没错,但是写得太简单,所以扣掉 2 分。你要记住,不管做什么都要尽量表达完整,思路清晰。如果你以后搞科研、写论文,过程也写得不清晰,别人怎么能看懂呢?"

陈景润点点头,内心非常感动,没想到老师在百忙之中还对他给予特别指点。他将方德植的教导牢牢地记在心里,在后来的学习、工作及生活中,遇到需要书面表达的时候,他都尽量做到清晰、完整。

在厦门大学的前两年,陈景润学完了全部基础课程,随后用一年时间,学习了数论和复变函数论两门课程。这两门课程把他引入一个新的数学天地,使他掌握了将来从事研究工作的重要工具,也确定了他的主攻方向——数论。

当时讲授数论的是李文清教授,是他把陈景润引入数论领域。讲课时,李文清系统地介绍了初等数论及其发展史,利用一些数学大师在自然数研究中取得的杰出成就来激励学生,并用各种待解的数论问题来激发学生的学习热情。

自然数中有一系列悬而未决的问题,李文清针对其中 3 个著名问题——"费马大定理""孪生素数猜想"和"哥德巴赫猜想"发表了评论,并激励学生说:"如果你们在座的哪一位同学解决了其中一个问题,就对数学有了不起的贡献。"

这是陈景润第二次听说"哥德巴赫猜想",他再次陷入沉思。

3年的大学学习使陈景润更加深刻地了解到这类问题的复杂性,攀登人类几百年来没有征服的"高山"谈何容易!但他暗暗下定决心,要不断地积累知识和才智,有朝一日去"啃啃"这些"硬骨头"。

陈景润已经20岁了,仍然保持着"两耳不闻窗外事,一心只读圣贤书"的状态,有时难免遭人非议,但他充耳不闻。从英华中学的"陈booker"到厦门大学的"爱因斯坦", 他从不在意别人的眼光和议论,坚定地沿着数学的路径朝自己的目标迈进。

第二章 苦乐相随的就业之路

一天下午,陈景润照常出门摆书摊,父亲急匆匆地赶来,一个劲地挥着手里的信函,上气不接下气地说:"九哥、九哥,托王校长的福……厦门大学让你去工作哩!"

不善讲课的中学老师

1953年秋,陈景润提前一年从厦门大学毕业了。他之所以提前毕业,是因为国家缺少建设人才和先进的科学技术,急需一批志愿投身科学文化事业的高端人才。

厦门大学数学系当时一共有4名毕业生,其中3名被分配到高校任教,只有陈景润被分配到北京市第四中学(以下简称"北京四中")担任数学教师。

在福建人看来,北京既遥远又寒冷,人们都说北京人一到冬天脸上就捂一块白布,还得戴耳套,不然会冻掉鼻子和耳朵。因此,常年生活在气候温和地带的陈景润不大愿意去北方。

虽然不太情愿,但是在一个冬日的清晨,陈景润还是背着简单的行李,拎着装满书本的旧藤条箱,揣着一颗忐忑不安的心,登上前往北京的火车。等待他的虽然是未知的新环境,但他心里未尝没有喜悦,因为他终于有能力挣钱养家了。他没有辜负父亲的期望,能够学有所成去北京教书,在当时的福州乡下是一件给家族增光添彩的大事。

几天后,陈景润抵达北京。在北京城里转了大半天后,他终于找到了北京市文教局。北京四中派数学教研组工会组长周长生来接他。周长生兴冲冲地赶到市文教局,见新分配来的大学生不但瘦弱矮小,而且木讷拘谨、口音很重,不禁大失所望。

一向体弱的陈景润刚到北京便因水土不服而病了好几场,加上不善言辞,学校经过考察,认为他虽然是名牌大学的高才生,但并不适合教学工作,所以一直没有安排他去讲课。后来,学校领导为了"发挥"他的才能,给他安排了批改作业的工作。

设立这个闻所未闻的职位也是学校的无奈之举,陈景润默默地接受了,没有将自己的委屈告诉任何人。对

第三章
苦乐相随的就业之路

他来说,只要能继续钻研数学,怎么样都可以。

一个名校毕业的高才生被分配去批改作业,在学校里难免引来人们好奇的目光,但陈景润十分低调,也不愿意多和别人接触。没有多少人清楚他的基本情况,就连一个办公室的同事也只知道他是福州人,毕业于厦门大学。

陈景润本来就谨小慎微,加上远离家乡,身边既没有亲人的关心,又没有可以交流的朋友,也没有人能给他工作上的指导,他感到十分沮丧。他有时会问自己,难道真的要一辈子在中学里批改作业吗?

远在福州的家人一直记挂着只身在外的陈景润,他们知道他不大会照顾自己。大哥陈景桐还写信拜托在北京的朋友江文帮忙照料陈景润的生活。

江文给陈景桐回信说:"令弟的性格太特殊了,你给他的那件呢大衣,现在已经套上棉花,变成了可能是整个北京城唯一的一件棉呢大衣。看样子他不是在店里缝制的,而是自己拿针线来……令弟那双棉鞋因为不穿袜子,脚就直接穿进去,黑得……他每天的生活除了数学还是数学……"

陈景润在生活中闹了不少笑话,但陈景桐最担心的

陈景润的故事

还是他的身体。

北京寒冷的气候对一个初来乍到的南方人来说,的确难以适应。过了些日子,陈景润觉得自己身体不适,一到下午脸就烧得滚烫。他去医院检查,被医生诊断为肺结核,同时还患有急腹症。医生要求他立即住院。

"不行,医生,我下午还有事呢,必须马上回去。你给我开点药吃吧,过几天就会好的。"陈景润恳求道。但是医生没有答应,对陈景润说:"我立刻打电话向学校领导说明情况,你安心住院吧。"于是,他在医院里待了一个多月。这一年,他先后住院6次,做了3次手术。

医院的条件一切都好,唯一让他无法忍受的是不允许他看书。他多次恳求医生给他找几本书来看,都被医生拒绝了。

无奈之下,他只能采取"非法"行动,趁医生不注意的时候换上自己的蓝制服,偷偷溜到书店去看书。幸运的是,他竟然在书店买到了华罗庚的专著《堆垒素数论》。他如获至宝,小心翼翼地把书藏在衣服里,偷偷地带进了病房。

第三章
苦乐相随的就业之路

从此,他不再抱怨枯燥的住院生活,开始自得其乐。医生来查房时,他就把《堆垒素数论》藏到枕头底下。他变得快活起来了,只是这种快活被他藏在心底,没有人看得出来。

一年过去了,陈景润的病情还是时好时坏。有时,学校老师到医院来探望他,脸上却总是挂着忧虑的神情。

陈景润敏感地注意到这一点,从同事们的言谈中也感觉到异常,于是问道:"是不是领导对我有意见,是不是学校要解聘我?我知道我不称职,我当不了老师……"他急切地想要表明自己的心迹。

"陈老师,你不要想太多,还是安心养病吧!"同事劝慰道。

同事刚走,他就对医生说:"医生,我要出院,我不能在医院里再住下去了,我是一名人民教师,我有自己的学生和教学任务……医生,还是让我出院吧!我会照顾好自己的身体,您放心!"

尽管没有得到医生肯定的答复,他还是回病房收拾东西了。其实,他的个人物品极少,除了身上的衣服和一条毛巾以外,只有那本《堆垒素数论》了。

回到学校后他才知道,在他住院治疗的这段时间,学校已经安排别的老师来做他的工作。学校领导让他回老家养病,等身体好了再回学校另外安排工作。

1954年10月,陈景润回到福州。对于自己在北京的工作情况,他在家人面前只字不提,只是说回家养病。然而,一晃几个月过去了,北京那边的工资也没有寄过来。家人猜到了几分,但谁也不忍心提起。这一年,陈景润才21岁。

生命中的贵人

回家养病的陈景润没有工作,没有收入,肺结核病也没有痊愈,仍需要疗养。他心情烦闷,于是又去书店看书。

因为身上没钱,他只能看不能买,于是在这家书店看完就换另一家,渐渐地,附近书店的营业员都知道了这个只看书不买书的怪人,对他颇有微词。久而久之,

第三章
苦乐相随的就业之路

他便成了不受店家欢迎的人,甚至有一天还被营业员赶了出来。

这个时候,家里还有3个弟弟妹妹要上学,陈景润深刻感受到金钱的重要性,得想办法去赚钱。但他从小只会读书,肩不能抗,手不能提,口不会讲,该如何赚钱呢?

他想来想去,想出一个主意——摆个小书摊,既不累,又能每天看书,也许还能够勉强糊口。

家里人听说陈景润要去摆书摊,除了父亲有些不忍心外,其他人还算支持,有的热情地给他提建议,有的出钱给他买书,有的把家里的藏书送给他。陈景润特意买了100多本小人书。就这样,一个像模像样的小书摊开始营业了。

每天清晨,陈景润都会早早起来将书摊摆好,但半个月过去了,他的书摊一直冷清,只是偶尔有几个小孩来看小人书。那些专业书根本无人问津,一天下来往往只能挣几角钱。

没有顾客,陈景润也不急不恼,乐得清闲,安然沉醉在书海中。然而,他的内心无时无刻不期待着重回数学研究之路。

第三章
苦乐相随的就业之路

这段时间,他省吃俭用到了苛刻的程度。和父亲一样,除了不得不支出的费用以外,他舍不得花一分钱。这种极度节俭的习惯伴随了他一生。

正所谓否极泰来,当陈景润陷入人生低谷的时候,他生命中的贵人出现了。

1955年初,福建省召开统战工作会议。在福建省商业厅工作的大哥陈景桐被抽调去搞会务。会议人员报到那天,陈景桐接待了一位气度儒雅的学者、厦门大学的校长——王亚南。

陈景桐见到这位大学校长时,脑子里突然冒出一个想法:跟他说说弟弟的事情。于是,他鼓起勇气去与王亚南攀谈。亲切的乡音打破了初见的隔阂,陈景桐诉说了弟弟的困境。

王亚南得知陈景润失业摆书摊的遭遇后,说:"我记得他,他的毕业证还是我颁发的呢!他的数学基础很好,也很有钻研精神,只是不善言辞。你放心,我会关注此事,最近我正好要到北京开会,到时去学校了解一下情况。"

北京的会议结束后,王亚南专门找时间拜访北京四中的校长,详细询问陈景润在校时的情况。得知陈景润这一年的遭遇后,他的心里很不是滋味。他回想起陈景桐对自己的托付,内心十分不安。

回到厦门,一向惜才的王亚南立即和党委书记陆维特商议,决定帮助陈景润施展才华。

很快,厦门大学正式向北京四中发出商调陈景润的信函,北京四中自然求之不得。调动很快就办成了,陈景润的人事关系转到厦门大学数学系。直到这时,陈景润对此事仍一无所知。

一天下午,陈景润照常出门摆书摊,父亲急匆匆地赶来,一个劲地挥着手里的信函,上气不接下气地说:"九哥、九哥,托王校长的福……厦门大学让你去工作哩!"

陈景润疑惑地听着父亲的话,拿过盖着厦门大学公章的信函,反反复复看了好几遍……这是真的!他终于又能追寻自己的数学之梦了,泪水瞬间涌出了眼眶。

父亲也非常激动,他一直对陈景润失业之事耿耿于怀,如今儿子能进厦门大学工作,他颇感欣慰。

1955年2月,陈景润回到母校厦门大学。王亚南见到他后,详细询问他的身体和生活情况,然后问他:"回

第三章
苦乐相随的就业之路

到母校,你有什么打算?"

陈景润见到校长,心情十分激动,眼含热泪,一时无法表达自己的心情,只是简单地重复道:"谢谢王校长,谢谢王校长。"稍微平静下来后,他说:"我最感兴趣的是数学,只要能让我接触、研究数学,干什么我都愿意。"

王亚南对陈景润酷爱读书的习惯与奇怪的性格也有所耳闻,因此,对他的安排别出心裁——将他分配到图书馆,管理数学系的图书资料阅览室,让他和书本打交道。这对一般的大学毕业生来说也许不是一个好职位,但对陈景润来说却是如鱼得水,再合适不过了。

陈景润的人生历程由此发生了重大改变。可以说,他的生活,特别是20年后所取得的成就,都得益于王亚南在他最困难时的知遇之恩。

与数论的苦战

在厦门大学工作时,陈景润住在勤业斋。勤业斋是个小院,背山面海,环境幽静,宿舍后面有青山,前面有海滨浴场,门前种了一片竹子。陈景润居住在106室,是一个约7平方米的小房间。

回到自己熟悉的校园,陈景润的心情十分舒畅,病情也有了很大好转。他非常珍惜这个来之不易的工作机会,恨不得将所有时间都花在自己热爱的数学研究中。除了日常工作以外,他不是躲进图书馆,就是把自己关在宿舍里看书。

1956年,数学系主任方德植本着为每一位教师创造科研条件的原则,顶着各方面的压力,调整了陈景润的工作,除了让他继续负责资料室的工作外,还让他担任教授张鸣镛"复变函数论"课题的助教。

在老师们的指点下,陈景润全力以赴地钻研华罗

第三章
苦乐相随的就业之路

庚的《堆垒素数论》和《数论导引》，正式向数学的高峰攀登。

陈景润习惯性地把书页拆散，随身携带一部分，一有时间就拿出来阅读。对于书中的每一个定理、公式，他都进行了反复验算和证明。他反复研读这两本书，以至于后来不用翻书便知道哪个内容在哪个章节、哪一页。

住在勤业斋的人几乎没怎么见过陈景润，因为他的房门一天到晚都是关着的。人们在海边散步或在校园里聊天时，陈景润却在闷热的小屋里与数学苦战，屋里遍地都是草稿纸。至于演算了多少道题，写断了多少支铅笔，连他自己也记不清了。

日本数学界权威高木贞治的《初等数论》，也是陈景润反复阅读的一本书。日积月累，陈景润不仅掌握了大量的新知识，还从各位大师那里学会了研究方法与技巧。过去，他是解已有答案的数学难题；现在，他开始研究前人未解的数学问题。

陈景润的老师李文清对他十分关照。李文清深知陈景润的性格与爱好，经常对他指点迷津，陈景润也经常向李文清请教问题。

后来，陈景润在一篇文章中写道："我读书不只满足于读懂,而是要把读懂的东西背得滚瓜烂熟,熟能生巧嘛!我国著名的文学家鲁迅先生把他搞文学创作的经验总结成四句话:'静默观察,烂熟于心,凝思想,然后一挥而就。'当时我走的就是这样一条路子,真是所见略同!当时我能把数、理、化的许多概念、公式、定理定律,一一装进自己的脑海里,随时拈来应用。"

数学研究是很枯燥的,但对于热爱数学的陈景润来说,却是快乐的。梅花香自苦寒来,他在这段时间的刻苦修炼,为他以后的腾飞奠定了扎实的基础。

一鸣惊人的"他利问题"

研究了华罗庚等名家的著作后,陈景润发现自己可以在"他利(Tarry)问题"上做一些探讨。不过,他对自己能否取得成果并无把握,毕竟很少有数学家钻研"他利问题"。

思量很久后,一天,陈景润在校园里遇到李文清教

第三章
苦乐相随的就业之路

授,便征询他的意见:"李老师,我想研究数论中的'他利问题',不知道行不行?"

李文清仔细听完陈景润的想法,感觉他已经大有长进,于是鼓励他说:"行!怎么不行?你还记得拉马努金的故事吗?"

陈景润回答说:"记得,老师已经讲过很多次了。"

拉马努金是印度历史上著名的数学家,出生于19世纪末。他在一个贫困的家庭中长大,没有受过正规的大学教育,但他从小就喜欢思考问题。他在数学之路上始终孤身一人,完全是靠自学取得了卓越的成就。高中毕业后,他在一个税务机关当小职员,陆续发表过几篇数学论文,其数学才华在印度国内得到了普遍认可。他的资助人试图把他推向欧洲的数学界,先后向几名英国数学家写了几封信并附上手稿,希望他们能将拉马努金收为学生,但都遭到了拒绝。后来,拉马努金遇到了伯乐——英国大数学家哈代。

哈代是剑桥大学的教授,他读了来信和手稿后,被拉马努金的数学天赋折服。经过一番周折,剑桥大学迎来了史上第一位印度籍院士——拉马努金。拉马努金31岁时,成为英国皇家学会首位亚洲会员。他在堆垒数论,尤其是整数分拆方面，做出了杰出的贡献。

拉马努金的经历深深地激励着陈景润，也减轻了不少他内心的烦闷。

从此以后，陈景润开始了"他利问题"的研究。他每天都工作到很晚，有时甚至通宵达旦。为了防止灯光透漏出去被别人发现，他做了一个厚厚的灯罩，入夜之后，他便把头埋在灯罩下专心致志地研究"他利问题"，但这件事还是被人发现了。

厦门地处海防前哨，学校夜间有学生民兵巡逻警戒。有一天，两个学生民兵巡逻到陈景润的宿舍前，从窗户透出的一丝极其微弱的光线引起了他们的注意。他们趴在窗户上窥探，只见灯光被一个大灯罩遮住了，灯罩下有一个人影，不知道在做什么。警惕性颇高的学生民兵决定查个究竟，便去敲门。陈景润从令人陶醉的数学世界中惊醒过来，解释许久才消除了学生民兵的疑惑。

不知道经过了多少个日夜，陈景润终于写出第一篇关于"他利问题"的论文。

论文完成后，陈景润将研究成果交给李文清，请他指正。李文清仔细审阅论文，认为研究结果是正确的。为了慎重起见，他又请张鸣镛教授审阅，张鸣镛看后也

第三章
苦乐相随的就业之路

认为计算上没有问题。他们都鼓励地说:"每一个后来者都是站在前人的肩膀上前进的,如果年轻人都不敢越雷池一步,社会就不可能发展。"

李文清自告奋勇地将这篇论文推荐给华罗庚。几天后,陈景润忐忑不安地将一个厚厚的信封投进了邮筒。

20世纪30年代初,华罗庚从初中毕业后就失了学,后来完全靠自学继续研究。他写了一篇关于代数方程解法的文章,发表在上海《科学》杂志上。清华大学数学系主任熊庆来读了华罗庚的论文以后,发现他很有数学天赋,于是就请他到清华大学,一边工作,一边学习。

无巧不成书,20多年以后,华罗庚收到了同样默默无闻的陈景润的论文,从中看到了陈景润的智慧光芒。他忍不住惊叹道:"这个年轻人前途无量啊!"他肯定了陈景润的研究成果,并向全国数学会推荐了陈景润的论文。

不久,全国数学会寄给厦门大学一封邀请信,邀请陈景润参加1956年全国数学论文报告会,让他在会上宣读那篇关于"他利问题"的论文。

同年8月,陈景润和他的老师李文清一起前往北京。

第三章
苦乐相随的就业之路

一路上,陈景润既高兴又担心,害怕自己在讲台上读不好论文,辜负了数学界前辈的期望。他对自己之前在中学讲台上的失败经历耿耿于怀,于是不停地问李文清:"老师,我能宣读好论文吗?"

"能!一定能!"李文清深知令陈景润坐立不安的原因,便鼓励他。

"我的普通话讲得不好,我害怕上讲台。"陈景润心有余悸地说。

"不要胆怯,科学家们都尊重研究成果,他们并不计较你的普通话讲得好不好。"

"李老师,你替我宣读论文好吗?"

"这怎么行呢!"李文清见陈景润在这个问题上始终自卑,便向他传授宣读论文的方法,"你的普通话带乡音,宣读的时候要慢一点。宣读之前尽量把论文背熟。上讲台后别害怕,眼睛看着文稿,或者望着黑板,就当只有你一个人,这样讲着讲着就不紧张了。"

陈景润默默地听着,心里有了几分底气。他在火车上把论文读了一遍又一遍,到了北京以后,又暗地里背诵过几次,告诫自己一定要宣读好这篇论文。

这次大会的会务由华罗庚的学生王元负责。他比陈

陈景润的故事

景润大3岁,毕业于浙江大学数学系,因为对数论研究情有独钟,被华罗庚收于门下。此时的他和陈景润都不会想到,在以后的岁月里,他俩会因"哥德巴赫猜想"结下不解之缘。

王元带陈景润去见华罗庚。华罗庚见到陈景润,满脸笑容地说:"你写的论文我看过了,写得很好。"

陈景润一边局促不安地搓着手,一边重复道:"谢谢华老师!谢谢华老师!"

自从寄出那篇论文,他就一直忐忑不安,没想到华罗庚不但没有因为他是个小人物而轻视他,还特邀他参加数学论文宣读大会,这一切都出乎他的意料。

这次大会云集中国数学界的精英,年轻的陈景润被分在数论代数分组,有30多位数学家和数学工作者来听他的论文报告。

他僵硬地走上讲台,怯生生地抬头扫了一眼台下,只见大家的目光都聚集在他的身上。他的心不由得怦怦直跳,捏着稿子的手不停颤抖,手心也开始冒汗,一种莫名的无助感涌上心头。

他的手和身体不听使唤地颤抖着,他吃力地把报告的题目写在黑板上,并努力让自己平静下来。但是,不

第三章
苦乐相随的就业之路

管他怎么控制自己，还是无法消除那种难以抑制的紧张感。他觉得自己已经讲不下去了，犹豫片刻，他索性转过身去，在黑板上演算起来。见此情景，会场上顿时发出了一阵议论声。

李文清在台下焦急万分，双手紧紧地握着，暗自为陈景润捏了一把汗。他多么希望陈景润能在演算中间加上几句讲解，但是，陈景润依旧在黑板上写着。李文清实在坐不住了，便走上讲台对大家说，这是他的学生陈景润，因为不擅长演讲，所以接下来由他为大家做必要的补充说明。

在李文清的帮助下，陈景润总算做完了论文报告，大家都对研究成果给予了肯定。

会议即将结束时，华罗庚走上讲台，阐述了陈景润这篇论文的意义，并给予了高度评价。1956年8月24日，《人民日报》报道了这次大会的盛况。报道中特别指出："从大学毕业才三年的陈景润，在两年的业余时间里，阅读了华罗庚的大部分著作，他提出的一篇关于'他利问题'的论文，对华罗庚的研究成果有了一些推进。"

这个评价很客观，可以说，陈景润取得的成果得到了学界公认。这次北京之行还算圆满,陈景润认真钻研的作风和扎实的数学功底得到了华罗庚的青睐。

　　陈景润从北京载誉而归,受到厦大师生的热烈欢迎。在学校的鼓励下,他继续奋进,又写了一篇《关于三角和的一个不等式》的论文,发表在《厦门大学学报》(自然科学报)1957年第1期上。

第四章

在数学研究所的日子

他的生活就是每天不停地演算。不一会儿,地上就铺满了他用过的草稿纸。

"凡是别人走过的路,我都试过了"

当陈景润发表关于"他利问题"的论文时,华罗庚正在北京大力培养数学人才。不久,经华罗庚推荐,中国科学院数学研究所写信给厦门大学商调陈景润。

1957年9月,陈景润被调入中国科学院数学研究所工作,从此揭开了他生命中曲折而璀璨的一页。

中国科学院数学研究所犹如一座数学城堡,会集了中国数学界的精英,可谓人才济济、藏龙卧虎,引领着中国数学学科的发展,其中有10余人当选中国科学院院士,而全所不过三四十人。在陈景润到来之前,数学研究所刚刚获得殊荣,华罗庚和吴文俊获得了国家自然

陈景润的故事

科学奖一等奖。

在数学研究所,陈景润最喜欢的地方仍然是图书馆。这里收藏了世界上重要的数学著作,古今中外,应有尽有。除此之外,这里还可以获取国际数学界的前沿信息。

为了阅读外文版的数学著作,陈景润先是学习英语和俄语,后来又学习了德语和法语。为了收听中央人民广播电台的对外广播,他在旧货市场淘了一台二手收音机。没想到收音机是坏的,他又从学校图书馆借了一本修理收音机的工具书,自己鼓捣了几个小时,把收音机修好了。

当时,中央人民广播电台每天只有一个小时的对外广播节目,是从凌晨3点到4点。因为每天半夜坚持收听对外广播,他还曾被人误以为是在进行间谍活动。

为了保证自己既能听广播,又不影响同宿舍的人休息,陈景润向领导申请搬到一个未启用的洗手间去住。这个洗手间面积不大,陈景润把自己的物品搬进去后,里面连一张小书桌都放不下了,他只好把床当书桌,再拿几块砖头拼在一起当板凳。洗手间里没有暖气,冬天他便在窗户上贴几层报纸来御寒。尽管他被冻得瑟瑟发抖,但仍坚持在这样的环境中继续研究和学习。

第四章
在数学研究所的日子

数学研究所的林群教授跟陈景润是同乡。有一次闲聊，陈景润问林群："我那天看到一篇论文，作者怎么知道一个10阶行列式一定不等于0呢？"

"既然论文上是这样写的，应该已经验证过了吧。"

"要证明这个问题，不仅要付出很多时间，还要有计算方法，我觉得他没有计算过。"陈景润说。

"你说的也有可能，毕竟光这样算，乘法就要算360万项以上，没有十年八年是算不出来的。用'消去法则'虽然可以省去很多，但具体怎么运用，还要好好动动脑筋才行。"林群说。

他俩没有深谈下去，林群过后也把这件事抛在一边了。几个月后，他们又碰面了，陈景润不经意间重提旧话："上次我们讨论的那个10阶行列式，我已经证明出来了。你猜怎么着？结果恰恰为0。"

"什么？你算出来了？"林群不可置信地望着陈景润，没想到这个"傻小子"居然躲在屋子里，用了几个月时间苦苦验算这道题目，就算他运用别的方法省去许多计算，这个工作量依然是巨大的。自此，林群打心眼里佩服陈景润这种顽强的探究精神。

陈景润说："做研究就像登山，很多人沿着一条山路爬上去，到了最高点就满足了。可我常常要试九到十条山路，然后比较哪条山路爬得最高。凡是别人走过的路，我都试过了，所以我知道每条路能爬多高。"

作为一个年轻的大学毕业生，陈景润已经取得了傲人的成绩；但作为一名数学研究人员，他的学识和经验还不够，必须不断学习。他没能赶上参加华罗庚、闵嗣鹤两位教授主持的数论讨论班，只好认真研读讨论班的材料。讨论班的成果和提出的问题使他获益良多，他后来的许多选题都受到这个讨论班的启示和影响。

只要有获取知识与信息的机会，陈景润从不放弃，但他有一个习惯，不愿意过多地跟同事讨论数学问题，而是喜欢独自思考。华罗庚对陈景润的独特个性给予了充分理解，这让他感激不已。

1958 年，华罗庚被调到了中国科技大学；一年后，陈景润和同事岳景中也被调离数学研究所，到大连化学物理研究所去搞"理论联系实际"的工作。因为对化学、物理一窍不通，陈景润到大连化学物理研究所后无所适从，只得埋头读书，偷偷地进行数学研究。

1961 年，华罗庚重新回到数学研究所，在他的要求下，陈景润也被调回来了。不久，陈景润被提升为助理研究员。

从 1957 到 1966 年，陈景润凭着对数学的执着追求和坚韧不拔的毅力，深入研究了华林问题、圆内和球内整点问题及等差数列的最小素数问题等，取得了多项重要成果。陈景润发表的关于"华林问题"的论文，填补了数论史上的一个空白。当时，数学研究所每人每年大约发表 0.5 篇论文，而陈景润平均每年发表 2 篇，有几篇还达到了国际先进水平。

他把数学王国装进 6 平方米小屋

每天清晨，陈景润从自己住的那间 6 平方米的小屋走出来，拎着竹皮暖瓶，到食堂打一壶开水，买两个馒头和一点儿咸菜，再回到小屋。匆匆吃过早餐后，他就坐在桌边开始演算。他的生活就是每天不停地演算。不一会儿，地上就铺满了他用过的草稿纸。

到了中午，当人们从食堂散去之后，陈景润才拿着饭碗，拖着疲惫的身体走进食堂，花 5 分钱买点剩下的菜。匆忙吃完后，他又回到那间小屋，午休片刻，继续演算。

晚餐之后，他在小路上散一会儿步，然后又一头钻进小屋里演算，直至凌晨才倒在床上睡去。

日复一日，年复一年，这就是陈景润的全部生活，看似单调、平凡，实际上专注且乐在其中。

然而，严重的腹膜炎还在折磨着他。他常常低烧不退，腹部隐隐作痛，而那些还没有被解决的数学难题，就是他战胜疼痛、与病魔抗争的"良药"。

他是数学王国的忠实臣民，虽然身居 6 平方米的小屋，但他的思想却在无边无际的数学宇宙中遨游。

说起来，这间 6 平方米的小屋颇有来历。

1958 到 1963 年，陈景润和一批年轻的同事住在中国科学院 63 号楼的单元式宿舍里。之后，为了方便学习与研究，他搬到了一个只有不到 3 平方米的厕所里居住。厕所里没有暖气，他装了一只 100 瓦的灯泡取暖。在最冷的三九天，他把衣服全都穿上，甚至棉胶鞋也不脱，把整个身体缩在棉被套里读书。冬天墨水结冰了，他就改用铅笔做笔记。

1964 年，他们搬进了新落成的集体宿舍 88 号楼，

陈景润被安排在一个6人同住的房间里。集体生活总有一些不成文的规矩需要遵守,而陈景润习惯在夜间工作,难免会打扰到同事。他很自觉,总是轻轻地爬起来,到走廊上看书或演算。

他的同学兼同事、中国科学院院士林群后来回忆说:"当时我们同住一个单身宿舍,我每天夜间起床小解时都会看到陈景润坐在门厅的地上,上身靠着墙,在那里看书或演算。"

陈景润非常渴望有一个单独的居所,哪怕只能放一张单人床。说来也巧,宿舍楼有一间烧开水的锅炉房,位于3楼的一个角落,从楼顶到地面的长方形垃圾通道占去了它1/6的面积,使得这个原本是正方形的小屋变成了约6平方米的刀把形格局。

锅炉房一直闲置着。也许是为了照顾陈景润,给他一个独立研究的空间,或是为了宿舍人员的安定团结,宿舍管理处决定让陈景润搬到这间小屋。从此,这间小屋就成了陈景润的工作场所,他在这里一住就是16年。

陈景润打心眼里感激宿舍管理处,这个地方在他看来无异于天堂,他就是在这里开始向"哥德巴赫猜想"发起冲击。

第四章
在数学研究所的日子

1979年，中国科学院打算分给陈景润一套小楼房，但他认为现在住房紧张，他只是一个人，住6平方米的房子已经很好了，所以拒绝了此事。领导说，外宾经常来，到他家坐坐也不方便。陈景润这才答应要了一间16平方米的房子。但他并没有马上住进新房，平时仍在6平方米的小屋进行研究工作，因为"小屋比新房子安静"。直到他的妻子由昆调到北京工作几年后，他才住进了宽敞的新房子。

吃的方面，他总是吃馒头、面条、咸菜和豆腐。当时的数学研究所党支部书记李尚杰说，陈景润"以前经常吃窝窝头，后来白面供应充足了，而且食堂不常做窝窝头了，他才买馒头吃"。陈景润的身体很虚弱，听说人参是补品，他便买来一些廉价的人参须，以补充体能的不足。

他对穿着也没有什么要求，父亲给过他一件旧的棉短大衣，他穿了20年，天暖和了就拆出棉絮，天冷了再填回棉絮。李尚杰说："从他来北京到1979年1月6日赴美国访问制新装前，十多年就做过一次棉帽和棉大衣。至于短棉袄，则买两件棉毛衫，套在一起，装上用棉花票买来的棉花，填充两层棉毛衫之间，粗针大线缝上，外面制服就算完成。鞋袜也是竭力俭省，能穿的绝不轻易扔掉，一般人认为应当抛掉的，如胶皮鞋已露出脚趾头，后跟磨出洞，他还要垫上纸板凑合。袜子只在天凉时才穿，有时见他两只脚竟穿两个颜色的袜子，偶尔还见他只穿一只袜子……"

陈景润节省一切可以节省的开支，把剩下的收入存入银行或换成硬通货。他的月工资在1962年以前是56元，1962至1977年是89.5元。从1957到1977年，他省吃俭用，每个月的生活费不超过20元。除了每个月给父亲寄15元生活费，他把剩下的钱全部存入银行。20年后，他的存款高达万元，都是他一分一分积攒起来的。

陈景润这样做是因为吝啬吗？当然不是！他曾经对别人说，他害怕失业，害怕再出现曲折，他想尽可能地多存点钱，作为自己能长久进行科研的基础保证。

1979年，陈景润应邀到美国普林斯顿高等研究院做短期的研究访问。访问期间，他每个月能从研究所获得一笔相对丰厚的资助，但他过惯了俭朴的生活，中午从不去研究所的餐厅吃饭，而是吃自己带去的干粮和水果。他的要求很简单，牛奶、稀饭和面条是他的主要食品。

第四章
在数学研究所的日子

他是如此节俭,以至于在美国生活5个月,除去水、电费及房租外,他在必要的生活开销上只花了2500美元,一共攒了7500美元。这笔钱在当时不是个小数目,但陈景润没有用来在国外购买家用电器,只带回一个收音机,送给兄弟姐妹的礼品只是一些有纪念意义的铅笔和笔记本。回国后,他把钱全部上交给国家。他说:"我们的国家还不富裕,我不能只想着自己享乐。"

陈景润回厦门大学参加建校60周年校庆活动时,各级领导、学校师生和一大批新闻记者来到厦门火车站,迎接陈景润。火车刚刚停稳,人们向软卧车厢那边拥去,但陈景润却出人意料地从硬席车厢缓缓地走了出来。他留着小平头,身穿旧中山装,脚上是一双胶鞋。人们问他为什么不按规定坐软卧时,他不好意思地解释道:"国家还很困难,坐软卧花钱太多。"

陈景润就是这样的一个人,不讲究吃穿,对金钱、物质也很淡漠,只一心扑在数学事业上。

向"哥德巴赫猜想"冲刺

关于"哥德巴赫猜想",我们引用一段作家徐迟在其报告文学《哥德巴赫猜想》中的论述:

> 1742年,哥德巴赫写信给欧拉时,提出了:每个不小于6的偶数都是二个素数之和。例如,6=3+3。又如,24=11+13,等等。有人对一个一个的偶数都进行了这样的验算,一直验算到了三亿三千万之数,都表明这是对的。但是更大的数目,更大更大的数目呢?猜想起来也该是对的。猜想应当证明。要证明它却很难很难。
>
> 整个18世纪没有人能证明它。
>
> 整个19世纪也没有能证明它。
>
> 到了20世纪的20年代,问题才开始有了点儿进展。

第四章
在数学研究所的日子

很早以前,人们就想证明,每一个大偶数是二个"素因子不太多的"数之和。他们想这样子来设置包围圈,想由此来逐步、逐步证明哥德巴赫这个命题一个素数加一个素数(1+1)是正确的。

1920年,挪威数学家布朗,用一种古老的筛法(这是研究数论的一种方法)证明了:每一个大偶数是二个"素因子都不超过九个的"数之和。布朗证明了:九个素因子之积加九个素因子之积,(9+9),是正确的。这是用了筛法取得的成果。但这样的包围圈还很大,要逐步缩小之。果然,包围圈逐步地缩小了。

1924年,数学家拉德马哈尔证明了(7+7);1932年,数学家爱斯斯尔曼证明了(6+6);1938年,数学家布赫斯塔勃证明了(5+5);1940年,他又证明了(4+4)。1956年,数学家维诺格拉多夫证明了(3+3)。1958年,我国数学家王元又证明了(2+3)。包围圈越来越小,越接近于(1+1)了。但是,以上所有证明都有一个弱点,就是其中的二个数没有一个是可以肯定为素数的。

早在1948年,匈牙利数学家兰恩易另外设置了一个包围圈。开辟了另一战场,想来证明:每个大偶数都是一个素数和一个"素因子都不超过六个的"数之和。他果然证明了（1+6）。

但是，以后又是十年没有进展。

1962年，我国数学家，山东大学讲师潘承洞证明了（1+5），前进了一步；同年，王元、潘承洞又证明了（1+4）。1965年，布赫斯塔勃、维诺格拉多夫和数学家庞皮艾黎都证明了（1+3）。

1966年5月，像一颗璀璨的明星升上了数学的天空，陈景润在中国科学院的刊物《科学通报》第十七期上宣布他已经证明了（1+2）。

自从陈景润被选调到数学研究所以来，他的才智的蓓蕾一朵朵地烂漫开放了。在圆内整点问题、球内整点问题、华林问题、三维除数问题等等之上，他都改进了中外数学家的结果。单是这一些成果，他那贡献就已经很大了。

为了征服"哥德巴赫猜想"，陈景润把全部精力都投入研究之中。在攻坚阶段，他经常忘记吃饭，忘记睡觉。研究这个世界难题，参考外国数学家的成果必不可少，图书馆依然是他经常光顾的地方，有时他竟听不见闭馆

第四章
在数学研究所的日子

铃声,被关在里边。中午,别人去吃午饭,他可以不上食堂,啃两口随身带的窝窝头充饥。他甚至把自己关在小屋里,只要有两瓶开水解渴,就可以一连工作两三天。

正如数学研究所党支部书记李尚杰所说:"只有这样奇特且能吃苦的人才能取得成就,才能用自己积累的理论知识去移动'数学上的一座山'……"

1966年,陈景润一天到晚都在自己的小屋里,与喧嚣的外界隔绝。

让他兴奋的是,图书馆里的资料保存完好。他如饥似渴地查阅,大脑不停地运转,想要尽快开辟一条新的道路。

一天夜里,陈景润正在房间里看书,外面突然传来一阵敲门声。他战战兢兢地打开门,几个人不由分说闯进他的房内。"有个地方需要电灯,我们要把灯泡拿走。"他们剪断电线,拿走了灯泡。第二天晚上,陈景润的房间里重新透出微弱的灯光。一盏昏暗的煤油灯把一个瘦弱的身影投射在墙壁上。从此,这盏煤油灯就成了他最忠实的伙伴。

没过多久,陈景润旧病复发,肺结核、腹膜炎一起向他袭来,啃噬着他那瘦弱的身躯。他强打起精神继续

第四章
在数学研究所的日子

运算，突然一阵头昏眼花，一头栽倒在床边，昏了过去。不知过了多久，他感觉自己已经到了医院，听医生说情况非常严重，必须马上住院治疗。陈景润摇摇头，坚决地说，他还有重要的事情要做，不能住院。医生拗不过他，只得给他开了药，叫他过两三天再来复查，但他并没有如约前来就诊。

攀登学术高峰的强烈愿望鼓舞着他，使他从夏天熬到秋天，又从秋天撑到冬天。有段时间，他持续好几天高烧，浑身发抖，但他舍不得花时间去医院，因为他觉得最宝贵的就是时间，他要和时间赛跑。

陈景润的身体极度虚弱，走起路来随时都有摔倒的危险，可当他看到那一摞摞草稿纸时，似乎又看到了希望。他忍着巨大的病痛折磨，恢复了宿舍、食堂两点一线的生活，继续论证"哥德巴赫猜想"（1+2）。

陈景润不仅对现有的筛法进行反复推敲，还独辟蹊径，发现新的加权筛法，证明了一个关键不等式，连续导出9个引理，最后，他终于证明了基本定理。在这个过程中，他以纯熟的技巧越过一个个障碍，以超凡的功力和坚强的毅力向数学高峰攀登，终于取得了一项令世人惊叹的数学成果。

经过 6 年艰辛的研究，陈景润终于完成了论文《大偶数表为一个素数及一个不超过二个素数的乘积之和》。

亦师亦友的闵嗣鹤

在陈景润攀登数学高峰的路上，有一个人对他帮助非常大，这个人就是北京大学教授闵嗣鹤。

闵嗣鹤，祖籍江西，1913 年生于北京，1935 年毕业于北京师范大学。学生时代的闵嗣鹤就发表了 4 篇论文，展示了他的数学才华。毕业后，他当过中学老师，善于演讲；1937 年，被聘为清华大学助教；1945 年，留学牛津大学；1947 年，获博士学位，同年赴美国普林斯顿高等研究院访学；1948 年回国后，担任清华大学教授；1952 年，院系调整后任北京大学教授，直到逝世。

闵嗣鹤是一位杰出的数学家，著名数学家陈省身称赞他"在解析数论中的工作是中国数学的光荣"。华罗庚也说："闵君之工作占非常重要之地位。"

第四章
在数学研究所的日子

闵嗣鹤还是一位优秀的教育家。他讲课生动幽默，深入浅出，常常使学生在轻松的气氛中理解和掌握艰深的内容。

陈景润善于且习惯于独立思考，但在科学研究中，难免会遇到一些解不开的问题，就需要与人交流，需要他人的点拨和指导。闵嗣鹤正是多次给他指点迷津的良师益友。

陈景润和闵嗣鹤相识于数学研究所一次不成功的研讨会。

1963年，闵嗣鹤应华罗庚之邀，到数学研究所参加数学研讨会。可就在研讨会召开的前一天，华罗庚因为一些重要原因不能来主持会议。召开当天，他的学生也因为各种原因没有到场。闵嗣鹤正准备离开时，陈景润抱着一摞书匆匆赶来。

看着这个唯一到场且迟到的年轻人，闵嗣鹤忍不住质问道："这就是你们数学研究所的待客之道吗？华老呢？其他人呢？"

陈景润这才知道眼前这个人是闵嗣鹤教授，急忙解释道："您误会了，华老师没办法亲临会场，其他人我也不知道为何没来。我迟到了，实在抱歉！"

陈景润的故事

闵嗣鹤一听顿时明白了,态度也缓和下来,说:"其他人都没来,你为什么还来呀?你叫什么名字?"

"我叫陈景润,是这里的研究员。因为在图书馆被一道数论题难住了,不知不觉花费了很多时间,所以迟到了。这个研讨会我很想参加,没想到别人都没来。"陈景润遗憾地说。

"好了,把你的难题给我看看。"闵嗣鹤看着陈景润窘迫的样子,不由得产生好感,笑着拍了拍他的肩膀。

他俩就这样认识了。闵嗣鹤不仅学识渊博,长于数论,而且为人敦厚善良,乐于助人。

有一次,陈景润遇到一个难题,怎么也解不开,就想到了闵嗣鹤,心想:"为什么不去问问闵教授呢?对,去问闵教授。"陈景润找到闵嗣鹤位于成府路的家,敲了敲他家的门。

闵嗣鹤也认出了面前的年轻人,于是把他请进家里,耐心地解答了他的问题,并且让他以后有问题尽管来家里。不善于表达感情的陈景润,感受到从未有过的温暖,但他嘴上只是反复说着"好,好"。

后来,陈景润经常去向闵嗣鹤请教,获益匪浅。对问题有不同的见解时,他俩就展开热烈的讨论,师生之

第四章
在数学研究所的日子

间亲密无间。闵嗣鹤正直的为人、严谨的学风及不分亲疏、乐于助人的精神,赢得了陈景润的尊敬、钦佩和信任。

闵嗣鹤也渐渐喜欢上这个既勤奋努力又不善言辞的年轻人。对于陈景润提出的问题,他总是耐心、细致地给予解答和指导。

在华罗庚处境困难的那几年,闵嗣鹤成了陈景润的老师。陈景润写的论文初稿总是先送给闵嗣鹤审阅,闵嗣鹤不辞辛劳地审读、修改,并且耐心、认真地帮忙补充有所遗漏的推理步骤。

1965年的一天,陈景润带着200多页的论文稿子又来到闵嗣鹤家,论文题目是《大偶数表为一个素数及一个不超过二个素数的乘积之和》,即对"哥德巴赫猜想"(1+2)的证明。陈景润不确定自己的证明过程是否正确,他认为最适合审核的人就是闵嗣鹤。

审核工作需要花费大量的时间和精力,因为科学是实事求是的学问,容不得半点马虎。每一个公式,每一步计算,环环相扣,所有的逻辑关系都不能出错。陈景润的论文晦涩难懂,审核难度很大,闵嗣鹤花了整整3个月才弄明白他的证明过程,最后,他确认陈景润的证明是正确的。他对陈景润说:"去年人家证明'哥德巴赫猜想'（1+3）使用了大型的高速电子计算机，而你证明'哥德巴赫猜想'（1+2）却完全靠自己运算，难怪论文写得那么长。"他建议陈景润简化一下论文。

1966年5月，中国科学院《科学通报》第17卷第9期发表了一篇论文简报，报道了陈景润关于"哥德巴赫猜想"的研究结果。

陈景润拿到这期《科学通报》后，第一个想到了闵嗣鹤，迫不及待地想要跟老师分享喜悦。他在杂志封面上写道：

敬爱的闵老师：

非常感谢您对我的长期指导，特别是对本文的详细指导。

学生：陈景润敬礼

1966 年 5 月 19 日

可以说，陈景润的大多数论文都凝聚着闵嗣鹤的心血。此后，在闵嗣鹤的精心指导下，陈景润于1972年冬将这篇论文简化完毕，再次送给闵嗣鹤审核。闵嗣鹤当时已患有心脏病，但他还是接过了陈景润的论文。在

第四章
在数学研究所的日子

他看来，这个论文成果在数论史上是一个重大贡献，是中国数学重回世界先进地位的一个标志，无论如何他也要完成这次审核。他把稿子放在枕边，经常歇一会儿看一会儿，看一会儿再歇一会儿，以极大的毅力完成了审核工作。

陈景润和闵嗣鹤情谊深厚，陈景润总是把论文的预印本先送给闵嗣鹤，写上"请闵老师指教，生景润"，并把"生"字写得特别小。

不幸的是，1973年10月10日，闵嗣鹤因劳累过度导致心脏病猝发，与世长辞，终年60岁。得知恩师去世，陈景润悲痛不已，在遗体告别仪式上，他泣不成声，喃喃地说："爱护我、关心我的老师走了……"

闵嗣鹤与陈景润非亲非故，他对陈景润的帮助完全是无私的。在闵嗣鹤身上，我们看到了可贵的"人梯"精神，正是因为有这样一代代无私奉献的科学家，才使我国在科技领域的多个方面迎头赶上乃至超越其他国家，处于领先地位。

研究成果艰难面世

1966年春,陈景润将自己对"哥德巴赫猜想"(1+2)的证明写成论文简报后,引起了数学研究所同事对他的关注。多数人对陈景润取得这样的重大成果感到意外,一向被人忽视的陈景润一下子成了人们关注的焦点。

在一个座谈会上,有位资深的副研究员提出两个问题:如何评价陈景润的这项理论工作?他的成果应不应该发表?这两个问题令数学研究所的领导陷入尴尬的境地。当时,陈景润本人及其研究成果不合潮流,但他的论文又是那么重要,到底应该怎样处理,数学研究所的领导一时左右为难。

有些人反对发表陈景润的成果,认为没有严格、详细的论证,很难确保它的正确性,一旦有误,岂不贻笑大方;还有人认为,发表成果会让外国人获得信息与思路,并且可能抢在陈景润之前得到正确而严格的论证,

第四章
在数学研究所的日子

因此必须保密。

这些虽然是无可挑剔的理由，但如果这样做，陈景润所取得的令世人瞩目的成果就被抹杀了。

1966年，陈景润已经能够证明"1+2"，虽然一时难以详细写出，但他有充分的把握能够完成这项论证。如果他将结果对外宣布，外国数学家就不用去重复他的工作，这样就有充分的时间去写"1+2"的证明过程。

1966年5月，陈景润的论文简报发表在停刊之前的最后一期《科学通报》上。这还要感谢关肇直教授和著名数学家、《科学通报》编委吴文俊教授。关肇直是主持数学研究所日常工作的副所长，虽然不赞成搞纯理论研究，但所里出现重要的理论成果，他还是感到由衷的喜悦。当吴文俊跟他商量是否发表陈景润的论文简报时，两位资深的数学家不谋而合——发表！

"我们不发表陈景润的这篇文章，将是历史的罪人！" 仗义执言的关肇直说道。

不过，《科学通报》上只有一页简单的摘要，没有发表陈景润的论文全文，国内外很多数学家并不相信陈景润的成果，因而数学界毫无波澜。显然，在没有看到论证的详细步骤之前，人们不会轻易认可这个成果。

证明"哥德巴赫猜想"（1+2）的困难程度，是常人难以想象的。早在 1921 年，英国大数学家哈代便在德国的一次学术演讲中宣称，证明"哥德巴赫猜想"的困难程度可以与数学中任何未解决的难题相比拟。陈景润虽然写了 200 多页的论证过程，但是要把它简缩成可以在期刊上发表的论文并非易事。

现代数学大师安德烈·韦伊从不轻易赞赏别人，但得知陈景润的工作后，他说："陈景润的工作好像在喜马拉雅山的顶峰上行走，每前进一步都非常困难。"陈景润的工作难度可想而知。

同时，陈景润的处境也是那些拥有良好研究条件的数学家难以想象的。但是为了数学，陈景润可以不顾一切，他最大的优势就是坚持到底的决心和毅力！

1973 年的春天姗姗来迟，2 月底，河面上仍结着一层薄薄的冰。陈景润裹着棉大衣去医院看病，在路上遇见了数学研究所业务处副处长罗声雄。

20 世纪 50 年代末，罗声雄从北京大学数学系毕业后，直接进入中国科学院数学研究所工作。他曾多次为陈景润打抱不平，是陈景润为数不多的朋友之一。

陈景润将自己的秘密悄悄告诉了罗声雄："我做出

第四章
在数学研究所的日子

了'1+2',我想拿出来发表,又怕惹麻烦。"

"只要你的证明是对的,就不要怕。"罗声雄说。

陈景润毫不犹豫地答道:"这倒不会有问题。我担心的是论文理论脱离实际,恐怕很难发表,即使有机会发表,也会惹麻烦。"

罗声雄不假思索地说:"只要是真货,就不用怕!"

陈景润忧心忡忡地说:"问题恐怕没有那么简单。"

其实,陈景润在1972年冬写完了证明"1+2"的论文后,就把它交给了本所研究员王元审阅。陈景润不善言辞,也不爱与人交往,因此和同行私交不多。但是,如果要探讨论文的问题,他还是愿意找华罗庚和王元。

在审阅过程中,陈景润每讲到一个公式,王元如有疑问,就请陈景润解释,再发现问题就再请他解释。这样从早到晚的问答式审阅一直持续了3天。王元相信"他是对的",于是为陈景润写了评审意见:"未发现证明有错误。"

没过多久,中国科学院的一位军代表到数学研究所视察工作。军代表是一位经历过南征北战的将军。罗声雄跟他谈起了陈景润,说陈景润将哥德巴赫的一个著名猜想推进到了"1+2"。

第四章
在数学研究所的日子

军代表不知道哥德巴赫是谁,也不清楚那个猜想有什么意义。罗声雄向他介绍了"哥德巴赫猜想"的来龙去脉以及证明这个数学问题的难度,并说明陈景润将它推进到"1+2"是一个了不起的进步,这个成果如果公布出去,将对国际数学界产生巨大的影响。

军代表听到最后几句话,激动地问:"他的论文既然已经写出来了,为什么不发表?"

"他不敢拿出来。"罗声雄说。

"他住在哪里?你带我去看看他。"军代表说着,快步走出门去。

罗声雄将军代表领到88号楼陈景润的小屋前,敲开了小屋的门。陈景润看见罗声雄后面跟着一位军人,惊愕地睁大了眼睛。

军代表看着陈景润的样子,爽朗地笑了。他拍了拍陈景润的肩膀,说:"年轻人,听说你算出了一道很了不起的数学题,你别怕,大胆地拿出来。"

陈景润连声说:"谢谢,谢谢……"

随后,罗声雄起草了一份科研工作简报,题目叫作"数学所取得一项重要理论成果"。简报直接报送中国科学院领导部门。

主持中国科学院党组工作的武衡看到这份简报后，立即赶到数学研究所，当着数学研究所领导和研究员的面，神情严肃地说："听说你们这里有个年轻人做了一项很了不起的研究……这么重要的研究成果应该直接向总理汇报！"

不久之后，中国科学院召开全院党员干部大会，传达贯彻周恩来总理"要加强理论研究"的指示。武衡在会上说："数学研究所有一位研究人员做出一项很重要的研究成果，将'哥德巴赫猜想'的研究大大向前推进了一步……"武衡虽然没有直接点名，但大家都知道那个人就是陈景润。这件事在中国科学院引起了轩然大波。

受到周恩来总理的鼓舞，陈景润将论文拿了出来，但围绕论文能否发表，科学院内又产生了争论。

有人激动地说："陈景润的论文研究的是古洋人的东西，没有实际意义，不能发表。要发表，必须全所讨论通过。"有人则挺身而出："'哥德巴赫猜想'是世界难题，陈景润的研究成果意义重大，论文应尽快发表。"

就这样，陈景润的研究成果在众多争论的声音中"千呼万唤始出来"。

第四章
在数学研究所的日子

"陈氏定理"与其他成就

1973年4月,中国科学院主办的《中国科学》杂志顶着压力,在英文版第16卷第2期,全文发表了陈景润关于"哥德巴赫猜想"的论文——《大偶数表为一个素数及一个不超过二个素数的乘积之和》。

把200多页的论文初稿压缩到正式发表时的10多页,既是一个艰难的过程,也是思想和方法的创新。陈景润曾说:"我考虑了又考虑,计算了又计算,核对了又核对,改了又改,改个没完。我不记得究竟改了多少遍。科学的态度应该是最严格的,必须是最严格的。"

陈景润在证明哥德巴赫猜想(1+2)时创造性地使用了一种新的加权筛法。王元说,陈景润这一步关键性的证明,全世界研究数论的人都没有想到。这一步是艰难至极的一步。数学界普遍认为,用已有方法证明(1+2)几乎是不可能的,而陈景润对筛法加以改进,另辟蹊径,创造了新的奇迹。

不过，陈景润的论文正式发表后，很多人依然没有意识到其重要性。第二年，即1974年，陈景润的论文才在国际数学界引起强烈反响。外国学者纷纷给予高度评价，阐述陈景润的研究成果在学术上的重要意义，并将其称为"陈氏定理"。

最早对陈景润的论文做出反应的是英国数学家哈伯斯坦和德国数学家里切特，他们是著名的数论专家。1974年，在他们的专著即将出版时，恰好发现了陈景润的研究成果，于是又专门增加了一章，标题就是"陈氏定理"。该章的开头写道："本章是为了证明陈景润惊人的定理，我们在前10章已经付印后才注意到这个结果，从筛法的任何方面来说，它都是光辉的顶点。"

这两位数学家的评论至少起了两个作用：一是使陈景润及其支持者的信心更加坚定了；二是使那些贬低陈景润研究成果的人改变态度。

1975年，美国数学会派著名数学家麦克莱恩率领代表团访华。代表团中既有理论数学家，也有应用数学家，每个成员都是某个数学学科的权威人物。此次访问，中方的接待单位是中国科学院。

第四章
在数学研究所的日子

中国科学院向美国数学会代表团介绍的多是一些科普方面的工作。在交流过程中，美国数学家表现得很客气，每听完中方一个报告，都要说几句赞赏的话语，"interesting（令人感兴趣的）"一词出现的频率最高。直到陈景润报告了"哥德巴赫猜想"（1+2）的研究后，美国数学家才不再用那些客套话，而是报以热烈的掌声。麦克莱恩站起来发表讲话，说陈景润的工作令他惊讶。

美国数学会代表团回国后，向美国数学会递交了一本厚厚的访华报告。报告中说当时的中国几乎没有现代意义上的数学研究，但专门用了一段文字介绍陈景润的工作："在中国数学研究所，华罗庚的一批学生在解析数论方面做出了出色的成绩。近年来，那里所得到的杰出成果是陈景润的定理，这个定理是当代在'哥德巴赫猜想'研究方面最好的成果。"

从1977到1979年，美国著名的数学杂志《数学评论》先后4次报道了"陈氏定理"，称"陈景润著名的论文是筛法理论的顶点"。

苏联也是数学强国，苏联数学家曾经对"哥德巴赫猜想"研究做出过重大贡献。他们对此反应也很强烈，在著名的数学杂志上多次报道陈景润的论文。

第四章
在数学研究所的日子

在 1978 年和 1982 年,国际数学家联盟两次邀请陈景润出席世界数学家大会做报告,并将陈景润的成果收录在该组织编辑的《数学家指南》中。

国际数学界的反应速度之快、程度之强烈,大大出乎国内数学界的意料。1973 年,当罗声雄向记者说"陈景润的论文发表以后,估计会在国际数学界引起一定的注意"时,心里并没有十足的把握,说的话留有很大的余地。现在有了国际数学界的支持,他更加理直气壮了。

"陈氏定理"效应对中国学术界影响之深远,是前所未有的。相信随着时光的流逝,"陈氏定理"将更加灿烂辉煌。

当然,陈景润在数学方面的贡献并不仅限于"哥德巴赫猜想"(1+2)。他是一位高产的数学家,创造了许多鲜为人知却具有世界水准的数学成果。几十年来,他先后发表了几十篇学术论文,其中多篇创造了当时相关领域的世界纪录,而且有几项成果堪称历史性突破。

有一次,数学家林群问陈景润:"你认为你的哪一项工作最重要?"陈景润回答说:"可能是(1+2),但也不见得。"从这个回答可以看出,在陈景润看来,(1+2)并不是他唯一重要的成果。

陈景润的故事

陈景润的绝大部分研究成果是在1956至1966年间取得的,这是他创造成就的黄金十年。其主要成就如下所示:

1956年,关于"他利问题"的成果。

对华罗庚关于高斯的估计做了重大改进。

1964和1965年,对"华林问题"的最终解决做出历史性贡献。

1963年,关于圆内和球内整点的工作。

1965年,对等差级数的最小素数问题的探索。

陈景润常常说自己是一棵无人知道的小草,但是我们知道,他的成就是矗立在中国数学园地上的一棵棵参天大树!

第五章

在光环的笼罩下

有了上次访问美国的经验,陈景润在欧洲活跃多了。除了在法国高等研究院和英国诺丁汉大学做学术报告外,他还去了伦敦,在著名的剑桥大学发表演说,并去埃克塞特大学出席国际数学学术会议。

受到高度重视

陈景润关于"哥德巴赫猜想"(1+2)的研究论文发表之后,受到国际数学界的高度评价,也引起国内有关方面的重视。

中国科学院在 1973 年第 7 期《科学工作简报》上发表了《数学基础理论研究的一项成就》,介绍了陈景润的这项研究成果。中央有关领导看了这份简报后,要求中国科学院写一份详细摘要。中国科学院将摘要与陈景润关于"哥德巴赫猜想"(1+2)的论文放大印制在 8 开纸上,报送中央。

中国科学院召开党员干部大会那天,新华社女记者顾迈南也在场,听说有一位青年研究员取得了一项世界水平的科研成果,她的心为之一动。记者的敏感驱使她立即询问坐在旁边的中国科学院的一位局长。那位局长说:"他叫陈景润,现在病危了,而且是个怪人。"

顾迈南心里打定主意,立即找到并采访陈景润。

顾迈南来到数学研究所,找到业务处副处长罗声雄。罗声雄详细介绍了"哥德巴赫猜想"(1+2)这项成果的重大意义,又向顾迈南介绍了陈景润的身体情况,说他病得很重,是在健康状况不佳的情况下取得这一研究成果的。他患有严重的结核病,但仍潜心研究,用过的稿纸有几麻袋,体力不支时就买些便宜的人参须泡水喝。他每个月只有60多元的工资,但他把自己节省的几十斤粮票捐给了灾区。中关村医院的医生曾几次告诫数学研究所,陈景润的健康状况很差,要多关注他的生活。

在大约一个星期的时间里,顾迈南通过查阅相关资料和采访,知道了"哥德巴赫猜想"研究的大体情况,也了解了陈景润的身体、生活状况及研究成果。

不久,顾迈南写了两篇内参稿件:《中国科学院数学研究所助理研究员陈景润做出了一项具有世界先进水平的成果》和《助理研究员陈景润近况》。后一篇稿件

第五章
在光环的笼罩下

介绍了陈景润的处境和身体情况，说他病情危重，急需抢救，并呼吁有关部门关心陈景润，给他治好病，让他把这项研究工作继续下去。

这两篇内参受到中央领导的高度重视，毛泽东主席亲自做出批示：要抢救。有关负责人马上去数学研究所看望陈景润。

1973年4月25日凌晨，几辆小汽车来到数学研究所的宿舍。穿过黑暗的走廊，他们来到陈景润居住的那间只有6平方米的小屋，打开门后，只见陈景润正在稿纸上写着什么，床上的铺盖还没有打开。

大家被小屋里的景象惊呆了：房内靠墙放着一张单人床，床前放着一张三屉桌，桌子上、床上到处堆放着书籍、资料，窗台上、地上放着几个破饭碗、药瓶子，碗里有干了的酱油痕迹……

同行的中国科学院的工作人员说，为了节省，陈景润平时不吃菜，用酱油泡水就着饭吃。"很长一段时间，陈景润因患病发低烧，只拿80%的工资，而他房间里的灯夜夜亮着。"

人们无论如何也想不到，在那个年代，竟然还有像陈景润这样痴迷于科学研究的人。

陈景润的故事

中国科学院负责人武衡向陈景润说明来意,要他到清华大学附属医院检查病情。他们把陈景润带到清华大学附属医院的一个会客室,一位负责人向他传达了毛主席的批示。

陈景润听了,苍白的脸上漾起笑意,用带有福建口音的普通话喃喃地说:"谢谢!谢谢!谢谢毛主席的关怀,我没有做出什么贡献……"

北京协和医院内科专家张孝骞等几位医生给陈景润检查身体后,对他说:"你需要系统、持续的治疗,需要休息,增加营养。只要住院治疗,你的病是可以治好的。"

会诊后,天已大亮,武衡将陈景润送回88号楼。令人哭笑不得的是,此时88号楼正流传着一个消息:晚上陈景润偷听敌台被带走了。原来,凌晨那几辆小轿车停在楼前时,88号楼传达室的值班员看见了,心想陈景润在深更半夜被带走肯定是出事了。

几天后的一个下午,李尚杰接到通知,要他马上送陈景润到解放军309医院住院。李尚杰匆匆赶到88号楼通知陈景润赶紧收拾东西,晚上6点有车送他去医院。

经过一段时间的精心治疗,陈景润的病情大有好转,

第五章
在光环的笼罩下

几个月后便出院了。他又回到那间 6 平方米的小屋，继续他的数学研究。

人大代表陈景润

在人们的印象中，陈景润一心扑在数学研究上，"两耳不闻窗外事，一心只读圣贤书"，其实不然，他还当过 11 年的人大代表，并且切切实实地为老百姓办了一些实事。而他能当上人大代表，是由周恩来总理亲自提名的。

1974 年底，中共中央决定于 1975 年 1 月召开第四届全国人民代表大会。重病在身的周恩来正在广州，他提议陈景润当第四届全国人大代表。

周恩来肯定陈景润坚持不懈的科学攻关精神，等于在滚滚寒流中呼唤万木争荣的春天。提高陈景润的政治地位，便是竖起一面鲜明的科学旗帜——落后的中国需要千千万万个陈景润。

这个时候,陈景润还在没日没夜地钻研"哥德巴赫猜想"。他离"哥德巴赫猜想"(1+1)只有一步之遥了,可这却是隔着千山万水的一步。要跨越这一步,他不但要拼尽心智,也许还会搭上性命。

然而,病情再次加重,他又被送入解放军309医院。

一天,陈景润正躺在病床上输液,数学研究所来人通知,他被选为全国人大代表,并告诉他这是周总理亲自提议的。这个消息对陈景润来说太突然、太意外了。多年来,他几乎没有参加过政治性会议;当人大代表,与中央领导一起讨论国家大事,更是他想都不敢想的事。

大病初愈,陈景润就要去参加这次具有历史意义的大会了,在这个特殊时刻,他的心情难以言表。他没有被安排在中国科学院所属的中直机关代表团,也不在他的老家福建省代表团,而是被安排在与他毫无瓜葛的天津市代表团。他还发现,周总理也在这个代表团,并且跟他在一个小组。这一切都是周总理亲自安排的。

一天下午,代表团进行分组讨论。大家刚坐好,一个熟悉的身影进入陈景润的视线。陈景润抬了抬眼镜,仔细一看,是周总理!身穿灰色中山装的周总理笑容满面地走过来,坐在大家中间,亲切地与大家交谈,他那

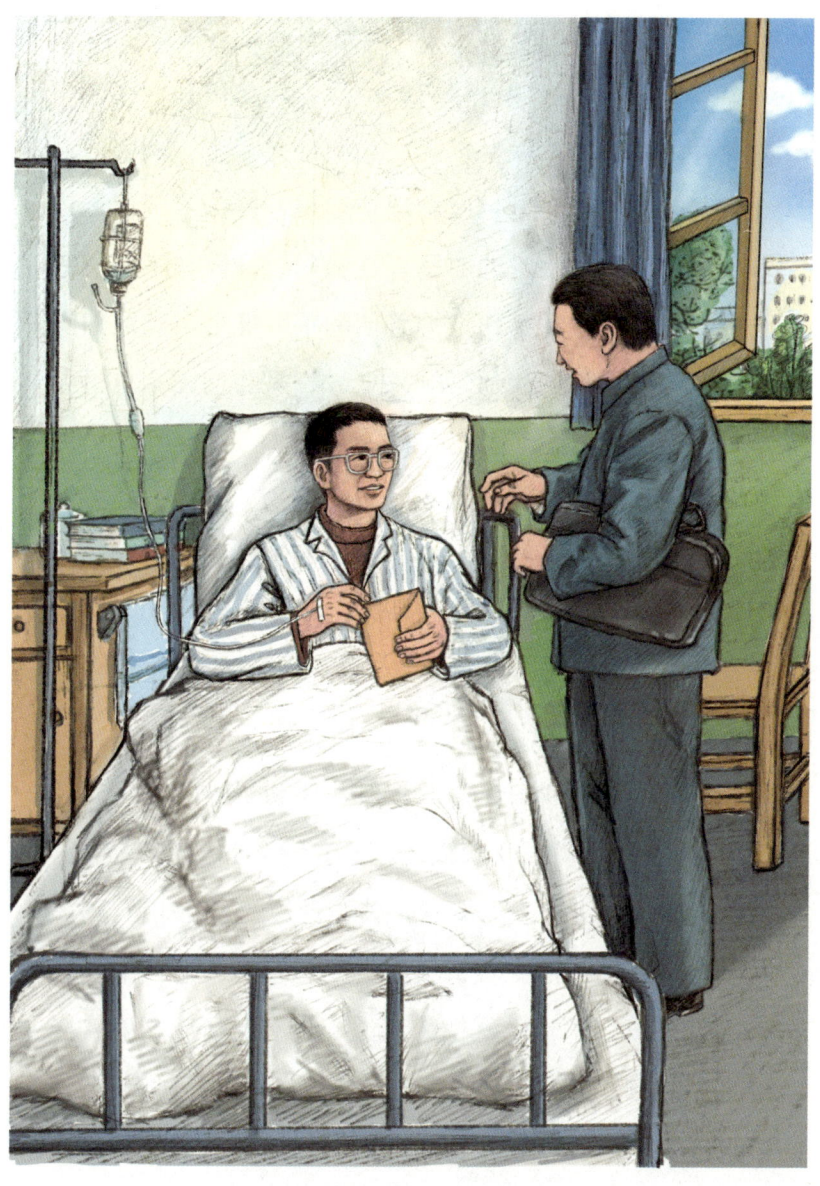

幽默的谈吐、爽朗的笑声感染了所有人。陈景润有许多话想对周总理说，却不敢挤上前去，只是坐在一边幸福地看着、听着、笑着……

突然，陈景润看见周总理站起来，微笑着朝他走过来，他顿时感觉全身的血液直往脑门上涌。他不知所措地站起来，周总理亲切地握着他的手，像一位和蔼的长者般对陈景润说，让他学好外文，将来我们国家总是要同英、美、日本等国家往来的。

陈景润一个劲儿地点头，激动得语无伦次。周总理的叮嘱是对他最大的支持和鼓励，像雨露一样滋润了他那干涸的心。从全国人民代表大会回来后，他逢人就说："总理让我学外文，党让我搞科研。"他经常说着说着便情不自禁地淌下泪来。

作为一名数学家，陈景润凡事都讲究严格的逻辑。他想，人民代表就要代表人民，万万不可名不符实。因此，他竭力履行人大代表的职责，关心身边的人和事。

他了解到科研人员最关心的是待遇和住房问题，其中既有知识分子不受重视的原因，也有科研院所的实际困难。陈景润自己并不在意居住条件和待遇高低，但他每次参加人大代表会议都积极发言，呼吁政府帮忙解决

第五章
在光环的笼罩下

这两大难题。几年后，中央发文落实知识分子的生活待遇、工作条件、著作权及职称等问题，其中便有陈景润的一份功劳。

陈景润发现，中关村有几万居民，但公交车很少，出行不太方便。经过分析和调查，他提交了《关于解决中关村交通问题的建议》，并得到了交通局的认可。不久，320路公交车开通了。陈景润对此感到十分高兴，买了有生以来的第一张月票，每天乘坐320路公交车上下班。

对于有人反映的北京黄庄小区屠宰场离住宅区过近的问题，陈景润也积极写提案向上反映，终于使这个久拖不决的问题得到了解决，屠宰场搬走了。

对陈景润来说，人大代表不是一个荣誉称号，而是要切切实实地代表人民、服务人民、反映人民关心的问题。只要有人向他反映问题，他都会抽出时间来认真倾听。后来，大家都亲切地叫他"陈代表"。

科学的春天

1977年,陈景润被提升为研究员。年底,他被评为中国科学院先进工作者。在总结授奖大会上,陈景润身穿一套洗旧了的蓝色中山装,胸戴大红花,腼腆地走上主席台,像小学生一样恭恭敬敬地接过奖状。这是他第一次在中国科学院全体人员面前亮相。

1978年,全国科学大会召开,陈景润被安排坐在主席台上,并做了发言,向来自全国各地的上万名科技人员讲述自己的科研经历。

在会议上,邓小平会见了大会主席团成员。当邓小平紧紧握住陈景润的手时,一股热流涌上陈景润的心头,他激动得热泪盈眶,半晌说不出一句话来。记者及时抓拍了这个情景。后来,陈景润时常拿出这张珍贵的相片端详,沉浸在对往事的回忆中。

在科学大会的闭幕式上,时任中国科学院院长的郭

第五章

在光环的笼罩下

沫若歌颂"科学的春天"来临。在这之后，陈景润的春天终于来了，好事接踵而至。

1977年，美国加州大学教授、微分几何大师陈省身来到中国，鼓励中国数学家到国外走一走，看看世界上其他国家的数学家都在研究哪些课题。他觉得当时中国的数学研究相对封闭，脱离了数学的主流。他还以自己在美国的影响力，促成了普林斯顿高等研究院院长沃尔夫对吴文俊和陈景润的邀请。

1978年，美国普林斯顿高等研究院分别给陈景润和吴文俊来信，邀请他们前往该院做为期4个月的研究访问。

想进入普林斯顿高等研究院是非常困难的，它的固定成员只有7人左右，都是世界一流的物理学家和数学家，爱因斯坦等一些大师级人物曾是其固定成员。华罗庚曾收到该院邀请，而吴文俊、陈景润则是新中国成立后，该院邀请的第一批中国数学家。

同样是在1978年，陈景润接受国际数学家联盟的邀请，出席世界数学家大会，并做报告。这是30年来该组织第一次邀请中国数学家出席会议。

1979年1月6日，吴文俊夫妇、陈景润和翻译朱世学一行来到普林斯顿高等研究院。这里环境幽雅，像北

陈景润的故事

京的香山，有茂密的森林、如茵的草地和盛开的鲜花。最使人感兴趣的是这里的图书馆，不仅藏书丰富，而且24小时开放，各国科学家常会在阅览室休闲的时候交流学术思想。

当时的普林斯顿高等研究院是一处治学圣地，对科学家从来没有硬性要求，也不约束他们的具体研究，其责任似乎仅仅在于提供支持与服务。因此，这里也为世界各国科学家所向往。

在这里，陈景润可以说是如鱼得水。他把自己在国内养成的工作习惯和生活方式原封不动地搬到了这里。他一向喜欢独自研究，喜欢一个人在图书馆里看书，很少参与交流，但有时也参加茶会，与各国科学家交谈，印度、意大利、日本的都有，大家在黑板上演算各种各样的题目。

普林斯顿高等研究院分为物理、数学、历史3个研究部门，行政负责人是美国人，但是在这里工作的科学家大部分都不是美国人。著名物理学家爱因斯坦曾经在这里工作20多年，直至去世。陈景润、吴文俊在这里参加了纪念爱因斯坦诞生100周年纪念会。

在访问的4个月里，陈景润仅做过半个小时的学术

第五章
在光环的笼罩下

报告，其余大部分时间都在图书馆里度过。用他的话说："我还是老毛病，喜欢一个人在图书馆。"对于陈景润的工作方式，普林斯顿高等研究院毫不介意，只负责每个月给他2500美元的津贴。

陈景润对美国的斑斓世界毫无兴趣。他从不逛街、旅游，每天只顾着搞自己的数学研究。翻译朱世学曾感叹道："在普林斯顿，陈老师一般早上四五点钟起床，桌上的台灯经常通宵不熄……他对科学研究的那种勤勉精神，是以整个生命为代价的。"

陈景润带去的研究课题是"等差级数的最小素数"和"'哥德巴赫猜想'的例外集"。这两个课题仍然是研究素数分析规律的，极其深奥。经过4个月的艰苦工作，他终于取得了重大进展。

当时有传言说陈景润可能会留在美国，不回国了。新华社记者还专门写了一篇《他还是他》的通讯，刊发后，《人民日报》及其他报纸都在显著位置转载了这篇通讯。

1979年9月，法国高等研究院邀请陈景润到巴黎进行为期3个月的访问。年底，陈景润又应英国诺丁汉大学哈伯斯坦教授的邀请，去英国进行为期4个月的访问。

陈景润的故事

有了上次访问美国的经验，陈景润在欧洲活跃多了。除了在法国高等研究院和英国诺丁汉大学做学术报告外，他还去了伦敦，在著名的剑桥大学发表演说，并去埃克塞特大学出席国际数学学术会议。

在巴黎，他与外国数学家的交流多了起来。他曾经邀请十几位各国数学家到他的住处做客，并用油炸的龙虾片招待客人。他们都非常高兴，夸奖这位书生气十足的数学家做了"这么美味的食品"。

这次到欧洲，陈景润的研究课题仍然是"等差级数的最小素数"，他把最小素数的量级从16阶降到15阶。

1980年，陈景润被选为中国科学院学部委员（后改称院士），这是中国科学家的最高学术荣誉称号。1982年，他与王元、潘承洞同获国家自然科学奖一等奖，这是中国科学界的最高奖项，此前只有钱学森、华罗庚和吴文俊3位科学家获此殊荣。

在研究工作顺利开展的同时，陈景润的心境逐渐开朗，身体状况也日渐好转，精神焕发，虽然年近五旬，看上去却像个年轻的小伙子。熟悉陈景润的人都不禁感叹他的变化之大。

第五章
在光环的笼罩下

报告文学《哥德巴赫猜想》

1977年10月,《人民文学》编辑部打算写一篇科学家的报告文学。写谁好呢?编辑部为此展开了讨论,有人讲述了社会上流传的一个故事:

20世纪70年代初,有个外国代表团提出要见中国的大数学家陈景润,因为他将一个世界著名的数学难题"哥德巴赫猜想"的研究推进到了"1+2"。当时负责接待的人听了,心里暗想:1+2不就等于3吗?这是什么数学难题?而且他也没听说过中国有个叫陈景润的大数学家。后来,他四处打听,终于在中国科学院找到了陈景润。

在打听陈景润的时候,没有多少人说起他的数学成就,倒是听到不少关于他的"笑话",比如:陈景润不食人间烟火,经常将自己关在一间小屋里看书、演算,一日三餐吃的是米饭拌酱油;他的思维与常人不一样,除了搞研究，什么都不关心。

那个将"哥德巴赫猜想"（1+2）误认为是"1+2=3"的人，终于明白是自己弄错了。原来各国数学家已被这道难题困扰了200多年，而陈景润这个"怪人"潜心于科学研究，取得如此重大的成果是非常了不起的。

经过讨论，《人民文学》编辑部决定写一写陈景润，宣传他的经历，希望以他不计个人得失、刻苦钻研的精神来激励国人，尤其是青年人和学生，让他们保持初心，砥砺前行。

作家徐迟接下了这个任务。随后，《人民文学》编辑部与中国科学院联系采访陈景润的相关事宜。中国科学院负责联系的人听说要写陈景润，既讶异又为难地说："我们科学院的好人好事多的是，为国家做出重大贡献的科学家也不在少数，怎么偏偏就选定了要写陈景润呢？"但是，这个说辞丝毫没有影响《人民文学》编辑部的决定。

1978年初，《人民文学》编辑部的周明拿着介绍信，和徐迟一起来到中国科学院，郁文秘书长会见了他们，并表示同意采访。办公厅秘书处葛能全将郁文秘书长的意见转告给数学组的罗声雄。

第五章
在光环的笼罩下

  为了写出一篇有深度、有影响力的报告文学，徐迟在采访陈景润之前，已经查阅了很多关于"哥德巴赫猜想"的资料，还"啃"完了陈景润的大部分学术论文。这对一位文学创作者来说并不容易。

  徐迟来到数学研究所的那天，呼啸的北风卷着鹅毛大雪，将北京城打扮得银装素裹，分外漂亮。一场大雪过后，春天就要来了。

  当天晚上，徐迟住进了中国科学院招待所，正式开始对陈景润的采访工作。他首先采访了陈景润的老师、同学和同事，每个人对陈景润的看法都不同，褒贬不一。无论什么意见，徐迟都认真地记录下来。

  徐迟还来到图书馆，从图书馆管理员那里搜集到不少关于陈景润的趣事。每天晚上，徐迟都会和李尚杰聊天，通过谈话进一步了解陈景润对数学的痴迷，以及发生在他身上的事。

  采访快要结束的时候，徐迟提出要去陈景润的小屋看看。李尚杰感到有些为难，因为陈景润从来不在小屋接待外人，但徐迟坚持要去，李尚杰只能答应下来。

  第二天，他们来到88号楼下，商量好行动计划，便走到小屋门口敲门，但一连敲了几声都没有人回应，李尚杰心里不禁打起鼓来。他又敲了几次,终于听见里面有人喊了一声:"谁?"

"是我。"李尚杰回答。

"李书记啊!你等等,我这就给你开门。"过了一会儿,小屋的门打开了一条缝,陈景润机警地看了看周围,把李尚杰请进了屋。站在远处的徐迟见李尚杰进去了,便三步并作两步,走到小屋门口敲响了门。李尚杰不等陈景润反应过来,马上把门打开,徐迟快速闪了进去,又随手把门关上。

陈景润见状也不好再说什么了,只好请徐迟和李尚杰坐下。说话间,徐迟环顾小屋,发现除了必要的床、桌子和椅子外,其余全是装满草稿纸的麻袋,麻袋上堆放着脏衣服和一些药瓶……

几天后,徐迟将题为《哥德巴赫猜想》的初稿交给李尚杰,恳请他提出修改意见。李尚杰这位曾在战场上浴血杀敌的铁血男儿,看到动情处也不禁潸然泪下。同时,他对初稿的某些细节做了修改。

《人民文学》于1978年发表了徐迟的长篇报告文学《哥德巴赫猜想》。2月,《人民日报》《光明日报》全文转载。之后,《工人日报》《中国青年报》《文汇报》

以及各省市的报纸、电台等也相继转载、转播。

《人民日报》在转载时加了"编者按":"我们怀着激动的心情,向读者推荐徐迟同志的报告文学《哥德巴赫猜想》。这篇作品原载于1978年第一期《人民文学》。它以生动的文笔,如实地反映了我国著名数学家陈景润不畏艰苦、勇攀高峰的动人事迹,受到广大读者的欢迎。这一期《人民文学》很快销售一空。这是一种十分可喜的现象。"

中央党报第一次用两个整版刊登歌颂一位数学家的文章,在社会上引起了强烈反响,也让人们大受鼓舞。

成名以后

徐迟的报告文学《哥德巴赫猜想》使陈景润像一颗耀眼的新星,突然出现在社会公众面前。

陈景润成了家喻户晓的新闻人物,"哥德巴赫猜想"这个陌生又拗口的数学词汇,成为妇孺皆知、使用频率

第五章
在光环的笼罩下

极高的一个词。人们争相购买登载了《哥德巴赫猜想》的杂志和报纸,传阅这位传奇人物的事迹,一时洛阳纸贵。有的人甚至工工整整地将全文抄写并珍藏起来。

科学家一夜之间成了最时髦的职业,"学好数理化,走遍天下都不怕"重新挂在了人们的嘴边。

当时,对于徐迟的报告文学反应最强烈的有3类人:

一是与陈景润有着相同命运与相似经历的知识分子,在文章中看到了自己。多少年来,他们和陈景润一样,没有安宁稳定的工作环境,不能按照自己的理想和志趣去发挥一技之长。这篇佳作道出了他们的心声。

二是青年学生。他们从文章中看到了父辈们在艰难的环境中与命运抗争的事迹。陈景润为科学付出一切、勇攀科学高峰的事迹,震撼了一代年轻人的心灵,激发了他们刻苦学习的热情。在他们的心目中,陈景润俨然成了科学的化身。他们以陈景润为榜样,积极投身科学事业。更有一些数学爱好者,直接把解决"哥德巴赫猜想"当作自己一生的奋斗目标。这一年,数学研究所收到了上万封来信,其中绝大多数是讨论"哥德巴赫猜想"的。这一年,数学研究所原本准备招收15名研究生,结果报考的人数超过1000人,是往年报考学生数量的20多倍。

三是青年女性。很多青年女性眼含热泪，一遍又一遍地阅读那篇富有激情的报告文学。她们深切同情陈景润坎坷、悲凉的人生命运，被陈景润不畏艰辛、为科学献身的忘我精神深深地打动了。她们景仰、羡慕陈景润的科学成就和非凡才能。一些未婚女子对单身的陈景润产生了爱慕之情，尽管她们从未与陈景润见过面。

中国大地刮起了"陈景润旋风"，这股"旋风"将陈景润从6平方米的小屋拉出来，使他无奈地扮演着各种各样的角色。

数学研究所的来访者络绎不绝，有请陈景润去做报告的人，有采访或拜访陈景润的人，有来讨论和请教"哥德巴赫猜想"、声称解决了"哥德巴赫猜想"的人，还有人拿着登有《哥德巴赫猜想》的报纸，千里迢迢来北京找陈景润，要做他的学生。

邀请陈景润去做报告的单位排了长队。在人们的盛情邀请下，他去了山东、安徽、河南、湖北、贵州……一遍又一遍地讲述自己的奋斗经历，同时一次又一次扒开本已愈合的伤口。人们似乎并不在乎能否听懂他那福建口音极重的普通话，只要能请到他，只要他来到他们中间，就心满意足了。

第五章
在光环的笼罩下

报纸、杂志也纷纷请陈景润写文章。青年报约请陈景润"与青年人谈理想";体育刊物约请陈景润谈"做一个科学家要身体好";省报约请陈景润"与青年同志们谈学习"……面对纷至沓来的约稿,陈景润应接不暇,即使大年三十也在努力写稿,但仍欠下了许多还不完的"文债"。

小学请陈景润去做校外辅导员,中学请他去给中学生讲"怎样才能学好数学"……这一切,陈景润似乎责无旁贷。

全国各地寄来的堆积如山的信件等着陈景润拆看;还有不断从外地赶来的青年要见他,跟他学数学,探讨"哥德巴赫猜想"。有个年轻人从遥远的大西北拎着一包足有十几斤重的数学手稿来找陈景润,说自己已经证明了"哥德巴赫猜想"(1+1)。陈景润花几天时间看了他的手稿,结果发现那只不过是年轻人的一腔热情。

有时还会发生一些让人哭笑不得的事情。黑龙江省有一个自称"女神赋予他灵感"的人,每天都来数学研究所要求见陈景润,说他有了女神赋予的灵感,一夜之间就用在中学课程中学到的数学方法证明了"哥德巴赫猜想"(1+1)。他整天不是守在陈景润的小屋门口,就是坐在陈景润的办公室里，弄得陈景润十分窘迫，只好到处躲避。如果回到小屋，他就赶紧把门反锁，连灯都不敢开。

记者几乎无处不在，使陈景润无处可藏。从小木讷寡言的他，不得不说些报纸上的"场面话"。这一切对一直醉心于数学研究的数学家来说，成了很沉重的负担。

1978年，陈景润在成都参加中国数学会代表大会。在接受记者采访时，陈景润说："我的研究工作还在继续进行。但是，现在我的职务多了，事情也多了。我是全国人大代表，是科学院数理学部委员，国家科委数学小组成员。首先会太多，接待任务也多，记者找我的多……邀请我去讲学的也多。在这之前，我还去了贵州，去了天津。好多大学请我讲学。讲什么？讲'1+1'，懂的人太少了，全国懂得它的人是可以数出来的。他们要我讲，总是想讲点有用的。于是，我就为他们准备讲一点组合数学。这样，我就不仅搞我的纯数学，也要搞一点应用数学……可是，'哥德巴赫猜想'还是要搞的。

"事情太多了。开会多，接见的人也多。有一些是

第五章
在光环的笼罩下

数学上的问题，有许多也不是。人民代表，人们有许多事要找你，连没有房子、两地分居也希望你反映反映。见记者，能躲就躲。还要接见外宾。你还得准备回答一些奇奇怪怪的问题。譬如，美国许多大学出高薪请你去，你为什么不去？是你不愿去，还是政府不要你去？你看，多怪！我是中国人嘛。我只得告诉他们，因为我国内有工作，我的国家需要我。钱，我不需要！"

陈景润的话也许能让我们了解一些他当时的心境。不得不参加的社会活动，不得不去的讲学，不得不做的报告，占用了大量的时间，他只能将研究工作放在深夜进行，将自己的睡眠时间一缩再缩，以弥补白天虚耗的时间。

不管走到哪里，他那个草绿色的书包里总是装着书。无论是在等车的片刻、漫长的旅途中，还是做完报告短暂休息时，他总是手不释卷。然而，他不得不扮演别人要他扮演的各种角色，这让他心里无比着急。"哥德巴赫猜想"（1+1）的研究仍没有进展，临近终点的这段路扑朔迷离，而他的研究却经常因各种活动和会议而不得不中断，这是最让他痛苦的事。

有段时间，陈景润甚至暂时停止了对"哥德巴赫猜想"的研究，也停止了纯数学理论研究，而为中学生写了一本近10万字的《初等数论》。在这本书里，他深入浅出地从劳动人民的生产和科学试验的实际出发，分析了数论的发生、发展和应用，介绍数论的初等方法，如电子计算机二进制和十进制的相互转换、中国汉代名将韩信的点兵法等，而且每章后面都列有习题，并在书的后面附上全部习题答案。这一切都是陈景润挤出点点滴滴的时间来做的。

参加人民代表大会时，陈景润吃完午饭，常常将桌上的剩饭剩菜倒在塑料袋里带回房间，作为当天的晚饭。下午开完会，他就直接回房间工作，饿了便将中午带回来的剩饭剩菜用开水泡一泡，再三口两口吃下去，吃完又接着研究。他并不在意物质条件，最关心的永远是自己的研究领域，无论是默默无闻，还是蜚声中外，他都一如既往地抱有热情和专注，保持那份永不褪色的初心。

有一次，陈景润参加人民代表大会，会务组将他和赵朴初先生安排在一个房间。为了不影响赵老先生休息，每天晚上，陈景润就搬把椅子到卫生间里看书、演算，一直到凌晨。此事偶然被一位记者知道了，写成文章发

第五章
在光环的笼罩下

表在报纸上。之后，每次开人民代表大会，会务组都破例给陈景润单独安排一个房间。于是，他白天参加会议，晚上则潜心研究。

尽管每天只睡三四个小时，但是陈景润能坐下来专心工作的时间还是太少了。他最怕见记者，面对记者的话筒和大同小异的采访，常常感到无可奈何。让他烦心的是，有的记者常常不请自来，直接闯进房间，他不得不放下手头的工作接待他们，随后又是让他无奈的采访。后来，他实在难以忍受这种打扰，便找到有关部门说："这么多记者，谁是真的，谁是假的，我哪分得清呢！我要求以后来找我采访的人得先通过你们。"

1978年底，陈景润因病再次住进解放军309医院。他想，这下该安静了，但没想到在医院也不得安宁。有真正关心他来探视的，也有追到医院来采访或求教数学的，甚至有看了徐迟的报告文学来亲眼见识这个"科学怪人"的。

陈景润本想利用治病的机会将经常被打断的研究进行下去，却不能如愿，思维常常被病房里的不速之客扰乱。他终于忍无可忍，不得不请求组织帮忙，未经批准不再接受访问和探视，以免被外界过多地打扰。

与此同时，每天还有成千上万封信件如雪片般飞到数学研究所，这些信件大多是企图证明"哥德巴赫猜想"的简单文字，并没有什么学术价值，但也反映了崇尚科学的社会风气。

写着"陈景润同志亲收"的信件，装了好几麻袋。大部分写信人向他表达心中的崇拜和景仰，诉说学习科学的渴望。陈景润没有时间一一拆阅回复。另外还有几百封充满激情的告白信，但都未能开启陈景润的心扉。面对这些炽热的文字，陈景润不知所措。

几年后，徐迟在接受《三联生活周刊》记者采访时说："对陈景润，《哥德巴赫猜想》这篇文章起了一定的作用，但也有许多不好的作用。因为当时影响很大，他一下子成了名人。对陈景润这样的人，成名是一种痛苦，甚至成为对他的工作的干扰。他如果不是那么大名气，可以有更多的安静的空间，有充分的时间来更好地进行他的研究。"

第五章
在光环的笼罩下

 **"做陈景润的学生真苦"**

1978年,国家恢复了研究生制度。从这一年开始,陈景润有资格带研究生了,他向数学研究所提出了培养2名研究生的计划。

数学研究所计划招收15名研究生,以补充日渐老化的研究队伍,每名导师有一两个研究生名额。没想到盛况空前,报考者竟有1000余人,这与陈景润在国内的强大影响力不无关系。这些考生大多是1966年前后毕业的大学生,其中不乏才华横溢者。中国科学院院士丁伟岳便是当时的一名研究生。

由于陈景润极高的知名度和数论学科的特性,报考他的考生超过了100人,但录取率不到2%,最后仅有6名考生顺利进入复试。陈景润亲自出马,对考生进行面试。他没有考学生数学问题,而是问学生看过哪些书、经历如何,可谓"出其不意,攻其不备",考生们都毫无准备。最后,陈景润选中了3名考生,但按计划只有两个名额,这让他深感为难,也让考生忐忑不安。

陈景润对考试成绩最好的张明尧说:"你的初试和复试考得很好,但最后能不能录取,还要由上面决定。"他一边说,一边伸出右手的食指向上指了指。

原来,按当时的招生条件,中国科学院不打算录取张明尧。但陈景润非常欣赏他,不忍割爱,于是柔中带刚地向领导提出:"如果不录取张明尧,另外两个我也不要了!"领导没有办法,只得让步。

此后,张明尧等3名研究生一边学习,一边为陈景润处理一些学术和社会事务。他们既是他的学生,又是他的助手。

陈景润没有带研究生的经验,他的做法与众不同,既不给学生讲课,也不给学生具体的研究课题。他给学生们列了一个书单,让他们去研读,自己去捕捉研究课题,自由地去研究。因为他自己就是这样一路走过来的。

陈景润的基本经验就是独立思考、刻苦钻研和捕捉学科的生长点。言传不如身教,学生们在与他的接触中,科学研究的能力不断提高。但是,他不喜欢学生们经常找他问问题,他甚至不愿意直接给出答案,总是说:"自己

第五章
在光环的笼罩下

考虑。"学生们没有办法，只得自己查资料、思考并演算。

陈景润的性格及其从事的特殊事业，造就了他严谨的学风。他研究的都是历史遗留的数学难题，必须像登山那样，每一步都脚踏实地，站稳后才能迈出下一步。因此，他每走一步，都会留下深深的脚印。

他也特别要求学生的学风要严谨，张明尧曾经写道：他对数学上的马虎绝对不能容忍，有时到了近乎苛刻的程度。如果学生的论文有疏漏之处或计算错误，他会严厉训斥，甚至大发雷霆。

陈景润深知数学上的不严谨可能导致荒谬的结论，所以他送出去的论文总是无懈可击，同行也都公认陈景润学风严谨。潘承洞、潘承彪兄弟是陈景润的同行，他们后来一个成了中国科学院院士，一个成了北京大学的数学教授。他们常常受托为陈景润审稿，均对陈景润有一个信念，那就是他的论文不会出错。潘承彪说："陈景润写文章是非常认真仔细的，从不出任何计算上的错误。"

陈景润希望把这种学风传给自己的学生，让他们认真、严肃地研究数学。他这种带研究生的方式产生了很好的效果，他的学生后来个个成绩斐然。

在带研究生之前，陈景润是一个有名的"单干户"，几乎不与同行合作。自从带研究生之后,他的工作方式慢慢改变了。特别是在1984年以后,随着健康状况不断恶化,他的合作研究越来越多,甚至完全是合作研究了。他后来发表的论文大多是合作研究的结果。

陈景润和学生们没有太多私人交往,但他们都对他怀有深厚的感情。他对数学的执着与专注,刻苦、严谨的学风,以及独特的治学经验,深深地影响着每一个学生。学生们感叹,做陈景润的学生真苦,但从陈景润身上汲取的营养却是可以受用一生的。

陈景润一共带过6名研究生,其中3名博士生是他在住院期间带出来的。他的学生说:"我们从老师那里学到的不仅是知识和方法,还有一种执着的精神,一种严谨的治学态度。"

念旧重情,不忘师恩

陈景润一生中遇到过不少良师,他们执着追求、无私奉献的精神一直影响着他。当他在数学上的成就家喻

第五章
在光环的笼罩下

户晓时，他也没有忘记母校，更没有忘记老师。

他时刻不忘师恩，对老师总是敬重有加。方德植教授教过他基础课，还曾把他从图书管理员提升为助教。1979年，方德植教授到北京主编教材《数学手册》，陈景润知道后，想方设法打听到方德植的联系电话，希望与老师见面。

陈景润对时间是非常计较的，但在方德植逗留北京期间，他好几次从中关村乘公共汽车去看望方德植。有一次恰逢方德植外出，陈景润从上午一直等到下午，师生二人叙旧一番。尽管如此，他仍觉得自己做得不够周到。

方德植完成教材编写工作后返回厦门，不久便收到陈景润寄来的一封信，信中充满歉意地写道："从我师到北京这一段时间内，生由于各方面的工作很多……在招待我师方面很不周到，望我师原谅。"为了让年迈的老师看得不费力，陈景润特意把字写大了一倍，一笔一画，十分端正，其中，"生"字写得特别小，以表示对老师的敬意。

1981年是厦门大学建校60周年，恰巧也是福建师范大学附属中学建校100周年。厦门大学和福建师大附中（前身之一为英华中学）都是陈景润的母校，他在这两所学校度过了难忘的青春时光。

两所学校都邀请校友回来参加校庆,陈景润自然是重要客人。能够培养出这么杰出的科学家,让两所学校的师生感到十分自豪,都渴望见一见这位传奇人物。

陈景润对于重访母校也感到十分高兴,激动之情难以言表。他曾经在厦门大学度过 6 年宝贵的时光,在这里汲取养分,为日后创造辉煌的业绩打下了坚实的基础。他从这里起步,开启了职业数学家的生涯。他永远忘不了厦门大学对他的恩情。

回到厦门大学后,陈景润做的第一件事就是去看望师母。师母是厦门大学已故校长王亚南的遗孀,当年正是因为德高望重的王亚南关心他、照顾他,为他提供良好的研究环境,才使他摆脱了困境。见到师母后,陈景润紧紧地握住她的双手,深情地说:"我非常非常想念王校长,非常感激王校长对我的培养与教育。"然后,他在王校长的遗像前,深深地三鞠躬。

一些高校听说陈景润回到了厦门,纷纷邀请他去演讲,他都婉言谢绝了,但唯独去了浙江大学。有人问起原因,他说:"因为那是我的老师方德植读书的地方,是培养我老师的学校,我怎么能不去看看呢?"在厦门,

第五章
在光环的笼罩下

他还专门前往方德植教授家中拜访。见面后，陈景润端详方德植教授的面容，说："那时我见先生头上只有一点白发，不像现在这么多。看到先生身体强健，我真高兴！"短短数语，饱含他对老师的深情。

在校庆典礼上，陈景润远远就看见了李文清教授，于是丢下陪同他的领导们，三步并作两步，直奔李文清而去。他紧紧地握住老师的手，激动得说不出话来。李文清是把陈景润引向数论研究的启蒙恩师，陈景润一向尊敬他。会后，他又专程去了李文清家里，再叙师生情谊。

学校领导请陈景润坐在庆典主席台上，但他拒绝了，一再坚持让他的老师坐主席台。在座谈会上，他再三请求让老师们先发言，因为到了母校，成就再高也是学生。老师不讲完，他便一言不发。他这种尊师重教的举止，给在场的师生们留下了极为深刻的印象。

回到母校的陈景润显得特别兴奋，他东走走、西瞧瞧，抚摸每一棵大树、每一块山石，端详每一栋校舍，回忆自己在那里读书和写作的情景。在座谈会上，他绘声绘色地讲述自己的人生遭遇，详细介绍攻克数学难题的艰难历程。他还告诫青年校友："每个学生都要有明确的学习目的和坚定不移的信心，一定要练好基本功，它使我受益无穷。"这些话语虽然平平无奇,却是他成功的秘诀。

10月,陈景润参加了福建师大附中的校庆典礼,并做即兴演讲。他说:"回忆过去自己在这里念书的一段生活,是我一生中最快乐的一段时间。虽然我们离开母校很久了,虽然我们和家乡距离很远,可是心里总是想着我们的母校,想着母校的老师……我又见到当时教过我的老师,还有我的老师的老师的老师,现在还在,现在还在,真是高兴。"他在后面的专场报告中说:"有的青年人问我有什么成功秘诀,其实没有什么奥妙,最重要的是热爱科学,打好基础,要勤奋、刻苦、严谨……"

转眼又10年过去了,1991年,厦门大学70周年校庆。这些年来,陈景润的身体每况愈下,已经不能单独行动,只好写了一封信表达自己对母校的怀念。同年10月,他的身体状况略有好转,于是又回到福建师大附中参加110周年校庆。

10年前,他精神焕发,侃侃而谈;10年后,他只能用模糊不清的话语来表达自己的情感。在庆典大会上,他费力地低声说:"我很高兴,很高兴,今天又回来了。"短短的一句话,表达了他对母校的深切感情。

他的夫人由昆女士代为宣读了他精心准备的书面发言:"我会永远铭记老师的培养教育,希望老师们多多保重,为教育事业做出更大的贡献。我衷心希望同学们牢记'以天下为己任'的校训,为报效祖国而努力攀登科学高峰。只有祖国强盛起来,我们中国人才能真正顶天立地。还希望同学们能尊师爱校,我无论走到哪里,都会为我的母校而自豪,也希望同学们能够德、智、体全面发展,不要像我这样未老先衰……我坚信同学们一定会青出于蓝而胜于蓝。看到母校学生接连在国际奥林匹克物理竞赛、信息学竞赛中捧回金牌、银牌,为祖国争光,为母校争光,真了不起,我实在高兴。"

这段朴实无华、富有感情的话语,充分展现了陈景润一生尊师重教的美德,令人感动和深思。

第六章

数学家的人间烟火

他舍不得花一丁点儿时间去参与任何社交活动，结交朋友，更不用说花时间去看一场电影或参加其他娱乐活动了。

青年女性的"绝缘体"

从儿时起,陈景润就喜欢独处,不喜欢到人群中凑热闹,沉默寡言的他似乎总是在思考问题。步入青年,他深深地迷上了数学,在以后的20多年中,他全身心地投入数学领域,沉迷于课题研究。直到45岁,他仍旧孑然一身,形单影只。

"花掉一天,等于浪费24小时"是他的方程式。他舍不得花一丁点儿时间去参与任何社交活动,结交朋友,更不用说花时间去看一场电影或参加其他娱乐活动了。他一生与书本为伴,把宝贵的青春年华都奉献给自己钟爱的数学。

陈景润的故事

陈景润一贯衣着俭朴，甚至不修边幅。他虽然著述丰实，却默默无闻。木讷、低调的个性，让他自然而然变成了青年女性的"绝缘体"。

20多年来，他一直生活在自己的世界里，衣服脏了自己洗，袜子破了自己补，吃在食堂，睡在6平方米的小屋。

数学研究所食堂有一位善良的师傅曾张罗着给他说媒，他予以婉拒；研究室的书记也曾给他介绍对象，但双方一见面就告吹了。

直到1978年，徐迟的报告文学《哥德巴赫猜想》发表，事情出现了一丝转机。

人们终于知道，在首都北京，有一位青年学者废寝忘食，潜心研究，将一个举世闻名的数学猜想证明到只差一步就大功告成。据说他四十有五，尚未婚配。

徐迟文笔生动、感情激昂，使许多未婚的女读者对陈景润顿生爱慕之情。一封封情书如雪片般向陈景润飞来，不少情书中还附有照片。

从来没有过恋爱经历的陈景润，面对成百上千封情书，有点招架不住了。他的内心产生了一种从未有过的感觉，是欣喜，但又缺少激情。

第六章
数学家的人间烟火

在一次数学研究所全体人员大会上,他居然公开"隐私",大声说道:"我收到几麻袋信,其中有几百封情书,我想请教在座的各位领导和各位同志,如何回复?"他的话引得众人哄堂大笑。老实的陈景润说出了他所面临的一个急需解决的实际问题。

那些可爱的青年女读者虽然和陈景润从未谋面,但他艰辛的奋斗历程、坎坷的人生经历,深深地震撼了她们的心灵,对他的同情之心与爱慕之情油然而生。不少女青年还登门造访。

有一位专程从上海来到北京的女教师,眼含泪花,诉说了她阅读那篇报告文学时的激动心情。她羞涩地对接待人员说:"我崇拜陈景润,同情陈景润,如果我能一辈子陪伴他,那是我的幸福!"

还有一位更执着的求爱者,是一位大学毕业生。她从千里之外3次赴京,要向陈景润表达自己的爱慕之情。她在北京无亲无故,没有落脚的地方,于是就白天到数学研究所等着见陈景润,晚上则到北京站过夜。她反复要求面见陈景润,接待人员只好把她带到图书馆,让她看一眼正在看书的陈景润的背影。

陈景润没有和任何一位陌生的求爱者见面,也没有回复那些充满爱慕之情的书信。面对姑娘们的连番"轰炸",他严密封锁的心扉始终没有被敲开。其间,也有同事和友人给他介绍对象,碍于情面,他不得不见,但总是表现出让姑娘们难以理解的呆滞与木讷,因而多次相亲总是草草收场,再无下文。

这些是发生在1978年以前的事,从中可以看出这位伟大的数学家离尘世是多么遥远。看来,陈景润要食"人间烟火"还有一段艰苦历程,但也预示着某个契机即将来临。

数学家与医生的爱情

沉迷于"哥德巴赫猜想"研究的陈景润,一直封锁着自己的情感世界,但在遇到由昆后,他那坚固的"防御工事"崩塌了。

1978年9月,陈景润又一次住进解放军309医院,这次是出国前的例行体检。医院安排他住在高干病房,

第六章
数学家的人间烟火

在这里,他遇到了前来进修的年轻女医生由昆。或许是缘分使然,月老的红线绑定了二人的心,他和由昆由此相识、相知、相爱。

此时的陈景润已是家喻户晓,学术成就更是令世人敬仰,亿万人都以他为榜样,学习他刻苦钻研的精神。

"说实话,我在认识我先生之前没有看过那篇报告文学,只知道一点,也没有很在意。"多年后,由昆这样回忆他们初见的经历。听说这位大数学家住进了医院,由昆和几个同来进修的伙伴一起去"看稀奇",她说:"第一印象,这个人很随和,蛮客气,也没有什么架子。"

陈景润正在床上看书,发现她们后还主动打招呼:"以前从来没有见过你们,是来进修的还是新分来的?"尴尬之余,由昆他们承认自己是来进修的。

陈景润一一询问了他们的姓名和原工作单位。当由昆回答"武汉军区165医院"时,陈景润轻轻地点点头,牢牢地记在了心里。

从那以后,他们就成了点头之交。在走廊、病房遇见的时候,他们偶尔会打个招呼。由昆心里纳闷:"他的记忆力真好,虽然只见过一面,却把我的姓名和单位记得那么清楚。"她绝对没有想到,多年来第一个让陈

陈景润的故事

景润心动的女孩就是她,不只是名字和单位,她的一举一动、一颦一笑都已深深地印在他的脑海里。

但是,一个难以启齿的难题困扰着陈景润:这样优秀的女孩会不会已经结婚或者有男朋友了?他不知道该去找谁问这个问题。对于他那惯于思考数学问题的头脑来说,这个问题简直难如登天。

有一天,由昆值夜班,陈景润第一次没有在病房里演算数学题,而是走到值班室和由昆聊天。他小心翼翼地问道:"你爱人在哪里工作啊?"

由昆笑着回答道:"我还没有结婚。"

陈景润心中一喜,问:"那男朋友呢?"

性格大方的由昆俏皮地回答:"男朋友?还没找到呢!"

陈景润长长地"噢"了一声,心中那块悬着的石头终于平稳落地,他内心的喜悦与证明了"哥德巴赫猜想"(1+2)不相上下。后来,每当由昆值班的时候,陈景润就会主动过来和她聊上几句。

陈景润喜欢把衣服搭在病区后面的花园里晾晒,而勤奋的由昆则喜欢在这个地方收听英语广播,学习英语。于是,他俩经常在平台上相遇,有时匆匆走过,有时相

第六章
数学家的人间烟火

视而笑。

终于有一天,陈景润打破了沉默,说:"在学习英语吗?"

"对,我在跟广播学。"

陈景润试探地说:"我们一起学吧!"其实他的英语已经可以熟练应用,他还自学了俄语、德语、法语、日语、意大利语和西班牙语。

由昆愕然地看了他一眼,急忙拒绝道:"那哪儿成!"她是怕妨碍陈景润治病,而且也担心自己的英语水平与陈景润相差太远,反而被他笑话。

"没关系,两个人一起学,进步快一点。"在陈景润的再三邀请下,由昆终于答应了。

两个人相处的时间越来越长,话题渐渐变多了。由昆见陈景润整天吃面条,忍不住问道:"你怎么天天吃面条啊?这样没有营养,对身体多不好啊!"高干病房的菜式很丰富,可以随便点,但陈景润总是面条加鸡蛋、鸡蛋加面条。

陈景润反问自己心爱的姑娘:"那你呢?"

"我不喜欢吃面条,我爱吃米饭,一天三顿米饭。"

"那好啊,你喜欢吃米饭,我喜欢吃面,我俩正

好……"陈景润婉转地向由昆表达爱意。由昆听了心里觉得好笑,说:"我吃米饭跟你有什么关系?"

一天,他们又在一起学习英语,陈景润情不自禁地说:"如果我们能够在一起生活就好了!"由昆愣愣地看着陈景润,一时说不出话来,半天才说:"哎呀!这哪儿能呢?这是不可能的事!"

陈景润愣了一下,不甘心地小声解释说:"是的,这不合适。我年纪大,身体又不好,你还年轻,又漂亮,是对你不公平,可是……"不等他说完,由昆心乱如麻,赶紧收起书跑了。

之后,由昆也不去花园里学英语了,平时见到陈景润也有意躲避,这让陈景润十分难受。他每天依旧不动声色地看书解题,但闲下来的时候总觉得心里空荡荡的。

某天,陈景润把自己的想法告诉了李尚杰,李尚杰认真地问他:"你对由昆是真心实意的吗?"

"是的,我很确定。"陈景润坚定地说。

李尚杰劝他不要太唐突,爱情跟解题不一样,不能这样直来直去,可以用迂回的方式,先从朋友做起,增加彼此的了解,慢慢培养感情。

几天后,轮到由昆值班查房。陈景润小声地对她说:

陈景润的故事

"对不起,由医生,是我不好,乱说话。我们还是一起学英语吧!"看着陈景润认真的模样,由昆心软了,说:"好吧!"陈景润很开心,二人又有说有笑的了。能和心爱的姑娘待在一起,陈景润觉得很幸福。

过了一段时间,陈景润忍不住旧话重提。由昆认真地表示,他们俩不可能在一起:"第一,女孩子做的事,比如做饭、打毛衣之类,我全不会。第二,我的脾气也不太好。"陈景润却说:"不会做饭,我们可以吃食堂。你穿军装,就把你穿剩下的给我穿也没关系。我会让着你,肯定不会跟你吵架。"

那天回去后,由昆失眠了。"压力太大了。我相信他真能说到做到,我能感受到他的执着。"由昆被陈景润诚挚的爱意打动了。

由昆真切地感受到陈景润是真心喜欢自己,和所有开始恋爱的姑娘一样,她的心中充满了甜蜜,憧憬着美好的未来。但她觉得自己和陈景润之间地位相差太大,纠结了很久仍然无法做出选择。于是,她写信向父亲求助,请他给自己出主意。

由昆的父亲是一名军人,遇到过很多艰难坎坷,军旅生涯使他对人生的意义有着更深刻的理解。他没有见

第六章
数学家的人间烟火

过陈景润，但从各种报道上了解并敬重这位命运多舛的数学家。收到女儿的来信后，他同样感到讶异，没想到女儿会和陈景润产生感情上的交集。他深知女儿的性格，她从小就在部队大院长大，大胆、活泼、善良、上进。从她的来信中，他看出女儿并非对陈景润无意，她的苦恼、纠结和犹豫在信中表露无遗。

他知道自己的意见在女儿心中的分量，但感情问题不应该由外人决定，他不想轻率地表示同意与否，这对他们都是不负责任的。这位老军人坚信，一个几乎把宝贵的青春甚至生命都献给科学的人，如果没有一颗赤诚之心是难以办到的，这样的人对于人生中纯洁的爱情，应是同样严肃和认真的。他相信陈景润的求爱完全出自真情实意，而这颗真心是构成美好爱情的坚实基础。

几天后，由昆的父亲写了一封长达十几页的回信，告诉女儿："我知道陈景润，在报纸上读到过他的事迹，他是个为祖国做出巨大贡献的科学家，也是个命运多舛的人。如果你确实感受到他的一片真心，就不要回避自己的真实感情；如果无意，拒绝时不要毫不留情，别太伤人了……"

父亲的信让由昆吃下了一颗"定心丸"，使她重新审视自己的情感,她开始慢慢地接受了陈景润。

终于有一天,由昆对坐在自己身边的陈景润提出了久在心间的疑问:"你是大数学家,有好多人崇拜你,什么样的妻子找不到,为什么偏偏选中我?"

陈景润见心爱的姑娘怀疑自己的感情,急得满脸通红,结结巴巴说不出话来。他深深地爱着由昆,却无法用语言来表达。他不会年轻人的山盟海誓,也没有文人墨客的多情浪漫,甚至不敢大方地对心爱的姑娘说一句缠绵的情话。可由昆从陈景润赤诚的眼神中看到了答案。

他们相爱了。这对情侣很少出现在花前月下,却心心相印。在热恋中,他们相依为伴,香山、植物园、长城、十三陵等北京著名景点都留下了两人甜蜜的足迹。有了爱情的滋润,陈景润变得开朗、阳光了。

1978 年底,由昆结束了在解放军 309 医院的进修,返回武汉,两个人开始了将近两年的分离。在此期间,陈景润给由昆写了不少热情洋溢的情书,他们的感情不仅没有因为距离而变淡,反而愈加深厚。

1980 年 8 月 25 日,经过两年的热恋,陈景润和由昆结婚了。数学研究所分给陈景润一套一室一厅的婚房,他从此搬出了那间 6 平方米的小屋。

第六章
数学家的人间烟火

陈景润在经济上已不再拮据，结婚是人生大事，但是他仍然保持着节俭、朴素的生活习惯。他对由昆说："家具不用买了，床有现成的，桌椅咱们就用单位原来租借的，这样就蛮好。"最后还是细心的由昆建议："是不是买一套沙发，客人来了也好有一个坐的地方？"陈景润这才同意添置一套简易沙发。除此之外，他们没有再添置任何新的家具。由昆把新房收拾得干干净净，铺上崭新的床单和被褥，简约的婚房顿时有了喜庆的气息。

第二天，陈景润喜气洋洋地背着书包来到数学研究所，给同事们发喜糖。晚上，他又赶到友谊宾馆，给正在那里出席国际数学学术会议的数学家们发喜糖。华罗庚、陈省身和邦比尼等人都向他表示祝贺，祝贺他缔结了美满的姻缘。华罗庚还专程来到陈景润家里贺喜，令这对新婚夫妇十分感动。

幸福的婚姻

新婚宴尔,陈景润又开始在他的数学王国辛勤耕耘。有时由昆半夜醒来,总能发现桌上的台灯亮着,陈景润还趴在桌上认真地写写算算。她劝他不要太劳累,要注意身体,早点休息,他却说:"没关系,其中的乐趣,你是体会不到的。"

蜜月结束后,由昆从北京回到武汉。临行前,她一再叮嘱陈景润,一定要好好照顾自己。

一年之后,他们的儿子降生了,由昆独自带着孩子在武汉生活。1983年,由昆调到北京解放军309医院。一家三口也从一室一厅搬进了四室两厅。

嫁给这位鼎鼎有名的数学家,必然要有所牺牲,由昆在做决定时已有所准备。不过,和许多人的想象大相径庭的是,他们的婚姻生活让由昆感到由衷的幸福和满足。

在日常生活中,由昆和陈景润待在一起的时间并不

第六章
数学家的人间烟火

多。陈景润大多数时间都待在"办公室",即家中的书房里,研究生也定期来家里上课,而由昆要到医院上班,还时常值夜班。但让由昆感到暖心的是,上班前,陈景润一定会和她道别;下班回家,陈景润听到脚步声,一定会从书房出来,像孩子般拍着手欢喜地说:"由回来了!由回来了!""由"是他对妻子的爱称。

陈景润也希望自己能像别的丈夫那样陪妻子逛街、逛公园。由昆对此曾这样说:"其实,我先生的感情很细腻,他只是没有多少时间去跟别人交往、闲聊。"因此,他会在清晨5点陪着由昆坐公交车去北京植物园,到八九点园里陆续来人时,他们已经在回去的路上了,丝毫不影响工作。

陈景润有时陪由昆逛街,但出发前又把两个人身上的钱都掏出来放在家里,还振振有词地说:"带钱的话,买东西很浪费时间。我今天先陪你看一看,选好了明天你再自己来买。"他只为让妻子体会到有丈夫陪着逛街的感觉。"你说气人不气人,太可爱了,有时候觉得他真像孩子一样纯真。" 由昆一说起这些就难掩笑意。

由昆始终难以忘记的是儿子欢欢出生时的情景。当时要做剖宫产,需要家属在手术单上签字,可陈景润无论如何也不肯签,一定要院方保证不出现任何危险。双方交涉了很久,最后陈景润认认真真地在签"同意"的地方又写了一行字:"务必保证我妻子由昆术后身体健康,能正常工作。"

仅这一句,让由昆感动至今:"当时就觉得,这辈子嫁给他没有错!"

儿子满月后,由昆就像被关了很久的小鸟重获自由一样,出去大大地采购了一番。陈景润对她说:"由啊,有的东西不需要就不买了,孩子以后上大学要自费的。"后来,由昆说:"当时以为他在吓唬我,那时上大学都是免费的,可等孩子长大了,还真就开始自费了。所以,别看他平常埋头钻研学问,但他对事物、时代的发展都是很在意、很有想法的。"

结婚后,特别是调到北京工作后,由昆努力去适应陈景润的生活习惯。陈景润习惯晚睡早起,每天只睡四五个小时,有时甚至通宵达旦。由昆一般不去打扰他,尽量按照丈夫的习惯安排自己的事情。她自己在另一个房间看书学习,做家务也是轻手轻脚。她还时常提醒陈景润不可过度劳累,督促他早点睡觉。

陈景润不爱锻炼,也不注意自己的身体。由昆特别

第六章
数学家的人间烟火

担心超负荷工作会使他的身体状况恶化，于是千方百计地让他多锻炼。她老批评他太懒，总是给他讲述运动的重要性。陈景润虽然不反驳，但很顽固。每天吃过晚饭，由昆便拉着陈景润下楼散步。

后来，由昆的表妹来帮助他们料理家务，表妹也经常拉着陈景润到外面散步。由昆喜欢开玩笑，对表妹说："你不要嫌你姐夫长得丑，其实他还是蛮精神的。"陈景润被逗得哈哈大笑。

为了让陈景润保持身体健康，由昆可谓煞费苦心。她把一间屋子布置成健身房，强迫陈景润每天锻炼几次。刚开始陈景润觉得新鲜，按计划练了几天，不久之后便开始敷衍，估摸着由昆快下班了，才赶紧到健身房装模作样地锻炼起来。

由昆还有一个艰巨的任务，就是改变陈景润的不良卫生习惯，陈景润一贯不太注意卫生。当时到外面理发要花不少时间排队，由昆便自己动手，帮他理发、刮胡子、剪指甲，强制他洗澡换衣服，甚至手把手地教他正确的刷牙方法。她给他制订了一个"卫生守则"：一天刷牙两次，一周洗澡两次，两天刮一次胡子，两周剪一次指甲。

这些"约束"使陈景润深深感受到妻子的体贴、温

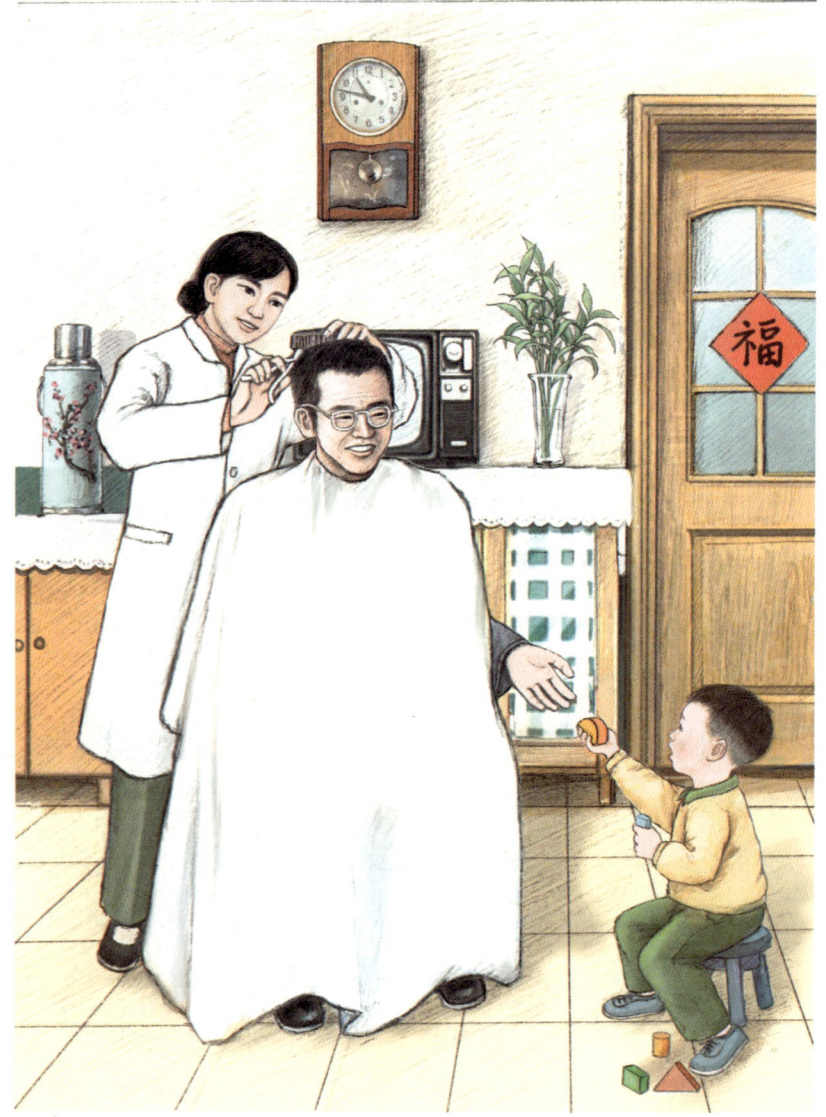

第六章
数学家的人间烟火

柔和家庭的幸福、温暖。

由昆深知脑力劳动的消耗是很大的。为了增进陈景润的食欲,她尽可能把伙食弄得丰富一些,想办法让他多吃一点,吃好一点。跟陈景润结婚后,由昆学会了许多家务。陈景润爱吃饺子,由昆在医院工作虽然也很累,但她经常一回到家就包饺子。

经过一段时间的调养,陈景润的身体状况大有好转,人也圆润了不少。数学研究所的同事见到他,打趣地问道:"你夫人给你吃什么好的了,长得这么好?"他每次都是不好意思地笑笑。

温馨幸福的小家庭使陈景润感受到生活的乐趣。在妻子的影响下,他逐渐培养起自己的爱好。他开始喜欢听音乐了,虽然家里没有音响设备,但有一台比较好的收音机,茶余饭后,他就戴上耳机,沉浸在美妙的旋律之中。他也开始唱歌了,尽管五音不全,但他经常哼唱《十五的月亮》《小草》《我是一个兵》等广为流传的歌曲。

很多人觉得陈景润性格孤僻,不懂感情,其实这是刻板印象。结婚以后,陈景润非常珍视自己的小家庭。由昆生了儿子欢欢以后,他的这种感情更加强烈了,从没去过菜市场的他,开始提着菜篮子买鸡、鸡蛋、里脊肉、猪蹄和青菜等,还亲自给由昆送饭。

人们见他一反常态便笑着问他:"这回搞不了科研了吧?"他说:"哪里,哪里,白天耽误了一点时间,夜里还要工作的。"他还经常动手做饭,说要展露自己的闽菜功夫……每当这个时候,由昆总是说:"先生,还是我来做,你等着吃吧!"

他把心底的无限真情都用来爱妻子、爱儿子,而母子俩也很爱他,一家人过得幸福美满。

无怨无悔的爱

由昆年轻漂亮,活泼开朗,与陈景润形成了强烈的对比。他们结合之初,人们议论纷纷,不明白由昆嫁给陈景润到底图什么。社会上的一些流言蜚语也通过各种渠道传到由昆耳中,让她既无奈又伤心。她承受的精神压力是很大的,但她并没有过多在意,也没有向世俗偏

第六章
数学家的人间烟火

见低头,因为她确信自己对陈景润的爱是纯洁的,不掺杂任何功利的东西。

两个人在一起生活久了,由昆渐渐发现陈景润身上有许多珍贵的品格,他善良、单纯,与人为善;他执着、坚忍,对工作一丝不苟。他对爱情的执着如同对数学的追求一样热烈且专注。尽管他有很多古怪的生活习惯,但人无完人,由昆知道什么是主要的、本质的。她相信自己的眼力和感觉,坚信自己的选择是正确的。她认定了就勇往直前,绝不回头,无怨无悔。

有一次,由昆在数学研究所门口等班车,一个老太太错把她当成所长的女儿,神秘地对她说:"告诉你一个消息,陈景润被他老婆逼疯了,他老婆特别厉害,听说正闹离婚呢!"由昆强压住心头的怒火,告诉她:"我就是陈景润的爱人,我怎么不知道这件事呢!"这个流言影响了她一整天,下班回家后,她仍然十分生气,连饭也不想吃了。陈景润安慰她说:"随他们说去,只要我们过得好就行了。"

有一些要好的同事和朋友也为由昆担心,担心她难以适应陈景润的生活习惯,担心他们的婚姻不能长久,但她用自己的行动消除了他们的担心。她了解自己,了解丈夫，深信自己的选择是不会错的。她一方面尽可能去适应陈景润的生活习惯，让他仍然专注于科学研究；另一方面，她用自己的爱和智慧去改变他不好的习惯，保持他的身体健康。

与此同时，由昆也有自己的事业。医院工作的繁忙是人所共知的，不仅是8小时满负荷运转，还有两三个小时的往返路程。每天下班后，她疲惫地回到家里，不是洗洗涮涮，就是炒菜烧饭。饭后，她还要陪陈景润散步，活动筋骨。陈景润开始工作后，她就做家务，守着他熬夜，督促他早点休息。抚养孩子几乎成了她一个人的事，陈景润有时也很想帮一把，但他总是不得其法，结果越帮越忙，由昆就让他专心研究，不必再插手带孩子的事。

由昆在家里的辛苦程度远远超过了上班时间。她曾向女同事感叹："我要照顾两个孩子，一个'老小孩'，一个小小孩。"这句话形象地道出了她的艰辛。对于由昆来说，照顾"老小孩"的难度超过人人都觉得麻烦的小小孩。

1984年，陈景润在过马路时被一辆自行车撞倒，后脑着地，造成意外重伤。这对身体长期虚弱的陈景润来说可谓雪上加霜，不久就诱发了帕金森综合征。此后的

第六章
数学家的人间烟火

两年里,他大半时间都是在医院度过的。那段时间,由昆既要上班和照顾年幼的儿子,又要到医院照顾丈夫,非常辛苦。事实证明,陈景润真的娶了一位好妻子。

由昆竭尽所能地照顾丈夫。那时,家里要做3种饭,陈景润一种,儿子一种,由昆和保姆一种。冬天水果很少,她给陈景润买几元钱1斤的苹果,却告诉他是几角钱1斤。由昆说:"我先生一生节俭,只要他吃得高兴就好。当时经济条件也不太好,不过,给先生和儿子买东西我从来都很大方,我想我自己省一点就好了。"

12年里,由昆没有请过一天事假,值完夜班后,她来不及休息,赶紧让保姆煲汤,再赶往医院。"倒三趟车,还要走很远的路,带两个网兜,在路口买好水果。"有一次,由昆见西瓜很好,便买了两个小的、一个大的。陈景润住在医院的6楼,她到病房时全身都被汗水浸湿了,陈景润见状十分心疼,由昆的眼泪也不由自主地流了下来。

"真的很难,但是我愿意!"由昆说,"嫁给他时已经做好了准备,肯定是要照顾他一辈子。人与人之间的缘分真的很奇妙,你真会心疼他,舍不得他受一点委屈。"

由昆是一名医生,职业的敏感让她预感到陈景润的身体可能会垮掉。为此,她想尽一切办法帮助陈景润改善身体状况。除了安排好他的饮食,帮助他锻炼,她还到处寻医问药,企图延长丈夫的生命。

每天一下班,她便马不停蹄地奔向医院,陪伴陈景润。尽管有专人护理,她还是放心不下。陈景润也喜欢看妻子的样子,喜欢听妻子的声音,每天总是眼巴巴地盼望她到来。由昆到了病房,他就紧紧握住她的手,长时间不舍得放下,并且用只有她能听懂的话倾诉他的感情。直到由昆说:"我该走了,欢欢还没有吃饭。"他才松开手,目送妻子离去。

在陈景润最后的日子里,由昆去医院的次数更多了。当时的陈景润已经没有自理能力了,一个护理人员根本忙不过来。由昆白天工作,晚上还要去照顾丈夫,帮他洗澡、换衣服,帮他翻身、吸痰,协助他呼吸。他的眼睛睁不开,也得她来帮忙;他不能咀嚼食物,她常常熬一锅鸡汤,一勺一勺地慢慢喂。

妻子的体贴和爱,深深地印在陈景润的心里,但他已经不能用言语向妻子表达真挚的情感了,只能用含糊不清的声音,哼着那首他常唱的歌:"十五的月亮,照在家乡照在边关……军功章里有我的一半,也有你的一半……"

第六章
数学家的人间烟火

从1980年结婚到1996年陈景润离去,由昆与陈景润共同生活的时间只有短短的16年,前几年还是两地分居,而从1984年开始,陈景润一病就是12年。在他生命的最后几年,几乎都是在医院度过的,由此可见由昆的艰难,但她无怨无悔。她实现了自己纯真爱情的理想:"我感谢命运,它安排我与先生相识、相知、相爱……"

初为人父

在陈景润48岁那年,由昆生了儿子。中年得子,陈景润的心里有说不出的畅快。

他们的儿子出生时正是寒冬腊月,天已经很冷了。陈景润想到妻子第二天要剖宫产,辗转难眠,凌晨三四点就吵着要去医院。家中请的婆婆说这么早医院还没开门呢,去了也见不到医生,劝他再睡会儿。可陈景润怎么也睡不着,5点多又起来,简单吃点早餐就赶往医院。

剖宫产手术做完后,医生告诉他由昆生了儿子,母

陈景润的故事

子平安,陈景润非常兴奋。他和由昆给孩子起了个小名叫"欢欢",希望他能欢乐地成长,一家人幸福欢乐地生活在一起。

儿子的出生给他们带来了无限欢乐。陈景润常常抱着儿子在屋子里转来转去,直到转累了才把孩子交给由昆。他每天出去给孩子买牛奶,有一次忘了戴手套,回到家手都冻僵了。还有一次,他让孩子坐在他的腿上玩,玩着玩着,忽然觉得不对劲,原来欢欢撒尿了,尿液顺着他的裤腿一直流到地上。

孩子长大一些后,陈景润常常和儿子一同玩耍,总是设法引导儿子拿笔,让儿子翻大本的英文词典。他的书房就是欢欢捣蛋后的避风港。父子之间的交流并无特别之处,就像天下所有和谐的父子,平凡而温馨。

欢欢两岁多时,用彩笔在家里的墙壁上"作画",由昆看见后生气地拽着儿子的小手,轻轻地打了几下。那是欢欢从小到大唯一一次挨打。对此,陈景润罕见地生气了,但用他一贯慢条斯理的语速说:"不要对孩子这样,要跟他讲道理,他在发挥他的智慧。"然后又对儿子说:"小欢欢,以后再也不要这样了啊,爸爸给你纸,每次你画的画,爸爸给你挂起来。"从此,家里的走廊

挂满了欢欢的画,办成了画展,欢欢看了高兴,客人来了也夸奖他画得好。由昆称赞丈夫教子有方。

不管儿子是乱涂乱画,还是调皮捣蛋,陈景润从不呵斥。他说,小孩子要说服教育,不能动辄批评或打骂,要让他们有发挥想象的空间。

陈景润在1982年初出国做报告,带回来一个比较先进的编程计算器。一两岁的小孩子不知道计算器是什么,只觉得小屏幕上闪烁的数字很好玩,于是就拿来乱按一通。陈景润本来打算用这台计算器工作,但见儿子非常喜欢,便割爱了,由着儿子去玩。

后来,欢欢在好奇心的驱使下,还想拆开计算器,看看里面有什么。陈景润认为儿子是在探索,就随他去拆。等到欢欢长大一些,破坏力更强了,便开始拆玩具。这时,陈景润不再看着他拆,而是跟他一起拆,一边拆一边引导他注意玩具上的各种功能和原理。他说:"孩子有好奇心是好事,他能拆开玩具证明他有求知欲,能研究问题,当父母的要支持他才对。"

欢欢上小学后,陈景润每天都会检查他的作业。他说:"小学和中学阶段是打好基础、养成良好习惯的时期,要告诫他不要偏科,每门功课都同等重要。"他还开心

第六章
数学家的人间烟火

地对记者说:"我可以教博士生,可我教不了我的儿子,中小学教师太伟大了。"

有一天,由昆上班去了,陈景润和欢欢在书房里,一人坐一边,父亲做研究,儿子做作业。忽然,陈景润抬头问道:"小欢欢,你知道从1加到10等于多少吗?"

欢欢拿着笔一个一个地做加法:1+2+3+……10,等他算完,陈景润说要教他一个更简单的方法:"1和9相加,2和8相加,3和7相加,4和6相加都等于10,一共有4个10,再把中间的5加上去,就等于45。"

欢欢崇拜地看着父亲,问:"爸爸,是不是因为您是数学家才这么厉害?"

陈景润抚摸着欢欢的小脑袋,慈爱地说:"这道题小学生也可以做出来,只要掌握规律就简单了。以后你做题的时候一定要认真思考,努力去发现其中的规律。"

陈景润从小就教育孩子不要有优越感,一切都要靠自己努力。他在孩子出生之前就和由昆商量过,男孩学数学,女孩学医学,但是他并没有强迫孩子服从自己的愿望。

在欢欢读小学5年级时,他们给欢欢报了华罗庚数学班。他们也像许许多多的父母那样望子成龙。邻居们说,他们的儿子继承了陈老师的数学才能,一定要好好

陈景润的故事

培养。可是欢欢并不愿意学数学，那时的他只是个既贪玩又叛逆的孩子，可以解答那些数学难题，却总在简单题上丢分。几堂课过后，他退掉了数学班，再也没有去过。陈景润没有大发雷霆，只是说，孩子有自己的想法，没有人可以改造他，除了他自己。

欢欢喜欢音乐，要学小号，打电话征求在外地的父亲的意见。陈景润不知道小号是什么乐器，问："是不就是那个小喇叭啊？"由昆告诉他，小号和唢呐不一样，是两种乐器。他说，尊重欢欢的意见，他愿意学就学吧。

欢欢两三岁的时候，陈景润患上了帕金森综合征，之后的大多数时间都住在医院。白色的墙壁和床单，一滴一滴地往下淌的药水，成了孩子对父亲记忆的背景。

那时，在医院的欢欢如同在家里一样，茶余饭后会帮父亲按摩。陈景润似乎很享受这种快乐，一点儿也不掩饰。有一次护士看见了，跟他开玩笑说："陈老师，我们和你儿子，谁按得更舒服啊？" 他没有丝毫犹豫，脱口而出："自然是我们家欢欢啦！"每次按摩完，他都会对欢欢说："谢谢儿子。"

欢欢很爱父亲，说："过去有些报纸杂志把爸爸说成是不知人情世故的怪人，这不符合事实。爸爸是个懂

第六章
数学家的人间烟火

感情、懂生活的人。家里的阳台被他搞成了植物园,他栽种的西红柿,果实累累。爸爸对我最关心了,辅导我做功课,跟我一起玩。我也经常陪他到医院去蹬健身自行车。他很爱这项运动,以后有条件了,我们家准备买一台,给他健身用。"

陈景润在病中仍牵挂着欢欢。他对欢欢说:"爸爸一生都在与命运抗争,如今爸爸要与死神抗争,争取更多的时间教导你、哺育你,看着你长大,送你上大学。"只可惜,他没能等到儿子长大的那一天。

陈景润去世时,欢欢刚上初二,几年后面临考大学的问题。陈景润的母校——厦门大学向欢欢发来邀请。校长说,欢欢可以由母亲陪同一起读书,将来的工作他们负责安排,如果想回北京也可以。

欢欢认真考虑之后,婉言谢绝了。他并非不向往那个开满凤凰花的大学,甚至一度在想,成为父亲的校友,在父亲曾经学习和生活的地方重新打磨自己的人生,会是多么奇妙的人生经历。但是细思之后,他对母亲由昆说:"妈妈,我不想那样,不想在爸爸的光环下生活。"

最后,欢欢选择了北京的一所大学,念了商科。

然而,或许是命运的安排,出国留学后,欢欢竟然又转而学数学了。他曾逃避数学、排斥数学,但后来决定学数学时,他的心里坦然了。

刚转到数学系时,由于没有做好充分准备,他吃了不少苦头,但还是坚持下来了。后来,他乐在其中,因为他的确爱上了数学,不管有多难,都会坚持下去。他做到了,这是他至今最骄傲的一件事。陈景润若泉下有知,也一定倍感欣慰。

最后一个生日

陈景润虽然历经曲折,但只要一息尚存,就不断地前进。

从1995年春天起,陈景润的身体状况一天不如一天。他几次发高烧,在中关村医院治疗之后虽然有所好转,但睡眠和食欲却大不如前,夜间经常叫喊。凭着医生的职业敏感,由昆知道陈景润的病情加重了。

1995年5月22日是陈景润62周岁生日。由昆本来

第六章
数学家的人间烟火

打算把丈夫接回家里庆祝生日,但看到丈夫被病痛折磨的样子,她把要求出院的话又咽了回去。她和李尚杰商量之后决定,这个生日就在医院里过。

当天,由昆和欢欢早早起床,赶到花店挑选了两束鲜花。欢欢还特意到楼下的小花园里采摘了一朵小黄花,插到他的那束花里。母子俩走进病房时,陈景润已经在急切地等待他们了。

欢欢把鲜花摆在床头的小桌上,然后趴在床上,凑到陈景润的耳边说:"爸爸生日快乐!那朵小黄花是我亲手从咱家楼下采来的。"

看着儿子胖胖的小脸紧紧地贴着丈夫消瘦的脸颊,由昆的眼中不禁充满了泪水。

陈景润并未觉察到妻子异样的神情,他半闭着眼睛,微笑着,紧紧拉住妻子和儿子的手,幸福的神情荡漾在他的脸上。过了一会儿,他说:"欢欢,不早了,该上学了吧?由,你也早点上班去吧!"

由昆给他掖了掖被角,说:"我跟单位请了半天假,陪你过生日。"

在生日这一天,陈景润当然希望有亲人陪在身边,但他又担心因为自己的生日而耽误他们的学习和工作。

陈景润的故事

其实头一天在家里，由昆和欢欢已经为陈景润庆祝了生日。他们把客厅布置成简单的生日会场，摆上生日蛋糕，点燃了红蜡烛，衷心祝愿他早日康复。

在陈景润生日那天，很多人捧着鲜花来医院看望他。老朋友李尚杰特意带来了数十枝名贵的鲜花。当他捧着那些还带着露珠的鲜花来到医院时，陈景润的病房里已经摆满了大大小小的花束和花篮。陈景润不停地对人们说着"谢谢"，眼角挂着泪花。

吃完饭后，陈景润依然精力充沛，跟妻子聊天，跟老朋友回忆往事。突然，他提出要戴上由昆给他买的结婚戒指，由昆赶忙取出戒指，小心翼翼地给他戴上。戒指上镌刻的是两颗紧紧靠着的心，他们的手也紧紧地握在一起。

病魔正在无情地吞噬着陈景润的身体。自1994年以来，陈景润身体的每一个器官的功能都接近衰竭。他的肌肉不断萎缩，四肢日益僵化，眼睛睁不开，嘴张不开，手不能握笔，腿不能行走；喉部肌肉麻痹，不能咳嗽，只能靠吸痰器排出痰液；不能吞咽，只能喂流食。

中央有关部门和中国科学院都十分关心陈景润的病情，积极采取各种措施为他治疗，但终究没能阻止病情

第六章
数学家的人间烟火

恶化。陈景润的家乡福建省,从省领导到老百姓,也都惦记着这位同乡。他们把他接回家乡,请来最好的医生,以最好的医疗条件为他治疗。从1991年10月到1992年11月,陈景润在福建治疗了差不多13个月,但依然没有任何好转的迹象。

这个时候,他还惦记着数学研究。别人劝他先专心养病,他喃喃地说:"不让我工作,不如让我死去。"直到1995年冬天,在生命的最后几个月,他仍然关注着一生钟爱的数学。

当别人告诉他英国数学家安德鲁·怀尔斯解决了费马大定理,引起国际数学界的轰动时,他强烈要求护理人员帮他把眼皮翻开。他吃力地睁开双眼,表示他的惊讶,然后用含混不清的声音说:"请秘书把有关资料找来,我要看。"他曾试图研究这个问题,所以一直关注它的进展。

1996年1月,陈景润的病情加重,肺部严重感染,高烧不退。1月18日,中关村医院发出病危通知书。医院派出最好的医生,用了最好的药品,经过全力抢救,陈景润的体温才降了下来,病情略有好转。

1月27日凌晨,陈景润的呼吸严重受阻,呼吸和心

陈景润的故事

跳突然停止。医院经过紧急人工呼吸与心脏起搏，再次将陈景润从死神手里夺了回来。

当天下午，陈景润转入北京医院，严重的病情暂时得到缓解，精神也有所好转。渐渐地，他可以发出声音，也露出了久违的笑容。

他轻轻地哼着《十五的月亮》，紧紧地握着由昆的手，这是他在极度虚弱之中能做到的仅有的表达炽烈情感和深深眷恋的方式。

由昆的眼泪顺着脸颊流了下来，她不敢出声，生怕丈夫觉察到她的悲伤。她动情地说："先生，你唱得真好，我全听到了，再过几个月就是你63岁生日，到那时我们一起回家过生日。先生，你会好起来的！"陈景润吃力地挤出一丝微笑的表情，他多么希望能让妻子实现这个愿望啊！

3月10日，陈景润又发高烧，呼吸急促，任何药物都无济于事，他进入弥留状态。由昆感觉情况不妙，悲痛欲绝地对陈景润说："先生，你能对儿子说几句话吗？"但他只是嚅动了一下嘴唇，一点儿声音也发不出来。

1996年3月19日13时10分，陈景润的生命停止了。再过两个月就是他的63岁生日，但他终究没能等到阖家庆祝的那一天。

　　陈景润的一生在家庭温情的包围中结束了,他的事迹、成就以及背后的精神、品格,被永久地珍藏在人们的心中,成为无数敬仰科学、追求真理者的精神信仰和动力源泉。